KB162036

변화하는 시대의 고객만족

■ 변화하는 시대의 고객만족

초판 발행 2004년 3월 30일   재판 발행 2004년 6월 15일
지은이 이재형 • 펴낸이 한봉숙 • 펴낸곳 푸른사상사

출판등록 제2-2876호
주소 100-193 서울시 중구 을지로3가 296-10 장양빌딩 202호
전화 02) 2268-8706 8707 • 팩시밀리 02) 2268-8708
이메일 prun21c@yahoo.co.kr / prun21c@hanmail.net
홈페이지 www.prun21c.com
편집 • 김윤경 안덕희 심효정
기획/영업 • 김두천 한신규 지순이

ⓒ 2004, 이재형
ISBN 89-5640-195-0-03320

값 10,000원

변화하는
시대의
고객만족

– 우체국 친절봉사를 중심으로

이 재 형

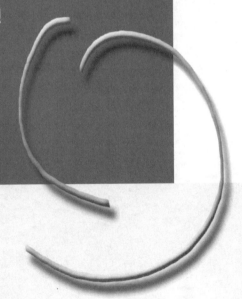

푸른사상

　요즈음의 시장 상황을 흔히 무한경쟁의 시대라고 한다. 시장
이 개방되어 전세계 초우량 기업의 상품이 제한없이 쏟아져 들
어오고, 인터넷의 보급 등으로 예전에 비하여 엄청난 양의 정보
가 고객들에게 제공됨으로써, 한정된 고객을 놓고 벌이는 기업
의 경쟁 강도가 그 어느 때보다 높아졌다는 말이다. 반면에, 선
택의 폭이 무한정 넓어진 고객들은 자신의 니즈를 가장 잘 충족
시켜주는 제품이나 서비스를 골라서 선택할 수 있게 되었다.

　이제는 기업이 고객을 선택하던 시대는 끝나고, 고객들에게
선택받아야만 살아남을 수 있는 소비자 주권시대가 도래한 것이
다. 이는 일반기업 뿐만 아니라 공기업 더 나아가 공공행정서비
스 분야에도 똑같이 적용된다고 하겠다. 우체국의 택배나 국제
특송 서비스에 만족하지 못하는 고객은 언제든지 민간택배회사
나 외국특송 업체를 통해 원하는 서비스를 받을 수 있는 세상이

되었다. 따라서 우정사업본부 입장에서도 고객만족경영은 더 이상 선택사항이 아닌 우체국의 생존을 걸고 반드시 구현해야 하는 대명제가 되었다.

그간 우정사업본부는 전국의 우체국을 통하여 총체적 고객만족 활동을 적극 전개한 결과, 한국능률협회 주관 공공행정분야 고객만족도 조사에서 5년 연속 1위를 차지하였지만, 아직도 개선해야 할 부분이 많이 있다고 본다.

이러한 시기에 저자가 우체국 근무 40년의 경험을 바탕으로 우체국 고객만족현상 원인을 분석하고 발전방향을 제시한 것은 매우 뜻깊은 일이라 생각한다.

이 책은 경쟁의 심화와 함께 일류기업의 서비스 제공방식을 다각적으로 활용하기 위한 전략적 틀을 소개하고, 성공적 실행을 이끌기 위해서 어떤 조직적 노력이 필요한지와 내·외부 환경 변화에 대처할 수 있는 고객만족경영의 실천 방향을 잘 제시하였다.

이 책의 출간이 우체국의 고객만족 수준을 한단계 끌어올리는데 크게 기여하기를 기대하며, 아울러 저자의 새로운 출발에 아낌없는 박수를 보낸다.

2004. 2.
우정사업본부장 구 영 보

■ 책머리에

　오늘날 대내외적으로 사회를 풍미하고 있는 화두 중에서 두 개를 꼽으라고 한다면 변화와 친절봉사(이 말은 서비스 또는 고객 만족이라고 표현 할 수도 있다.)가 아닐까 하는 생각이 든다. 이 두개의 개념은 기업의 경영은 말할 것도 없고 개인이나 조직 크게는 국가에게도 그대로 적용된다. 무한 경쟁 시대에 각 주체로서 살아남기 위하여 반드시 적응하고 극복하며 이루어 내야하는 필수 불가결의 과제가 되었다고 할 수 있다.

　그런데 재미나는 것은 시대의 흐름에 따라 변화와 서비스라고 하는 두 개념이 서로 긴밀하게 작용하면서 보완하고 있어서 따로 떼어 생각할 수 없는 상태에 와 있다는 사실이다.

　산업사회의 대표적 이미지인 대량생산 시대에는 서비스는 기업 경영에 있어서 생산성이나 상품의 질에 비하여 하위 개념으로서 생산된 제품을 어떻게 많이 판매하여 이윤을 많이 남기는가에 맞춰졌다. 이에 비하여 현재는 경영의 핵심 요소로 인식되

조직구조 피라미드의 변화

```
      CEO              고객
   디렉터(과장)        일선직원
   계장(팀장)         계장(팀장)
   일선직원             과장
                        CEO
```

어 조직구도를 그린 조직도가 위의 그림처럼 피라미드형에서 역
피라미드형으로 바뀔 만큼 직접 서비스를 담당하는 부서의 구성
원이 중요하게 여겨지고 있는가 하면 끊임없이 변화하는 고객욕
구를 인식하고 거기에 부응하기 위하여 부단한 노력을 기울이
지 않으면 경쟁에서 뒤쳐져 도태되게 되었다.

또 하나 중요한 변화는 서비스가 최 일선에서 고객을 직접 맞
는 사람들에게 국한된 것이 아니라 조직 구성원 모두에게 중요
하며 외부고객에 대한 서비스를 잘하기 위한 전제조건으로서 내
부고객 만족이 먼저 이루어져야 한다는 사조가 확산되고 있는
것이다. 위의 그림도 그러한 사조의 한 단면을 보여주고 있다.

그러나 무엇보다도 중요한 변화를 꼽으라면 이제까지 기업의
생존전략이었던 서비스가 공공기관이나 국가기관에까지 확산되
고 있다는 사실일 것이다.

이러한 변화 추세 속에서 우정사업본부를 출범시켜 정부 부

처이면서 기업 형태를 띄고 있는 우체국 고객만족의 좌표를 가늠해 보고 이러한 이중적 조직형태에서 오는 문제점과 함께 30년이 넘게 줄기차게 추진해왔음에도 불구하고 아직도 만족스럽다고 할 수 없는(이 부분은 다르게 평가하는 사람이 있을 수 있고 무엇보다도 격무에 시달리며 열심히 친절봉사를 구현하고 있는 수많은 우체국 가족들에게 송구스럽지만 더욱 발전하기 위한 진단으로서의 평가임을 이해해 주기 바란다.) 우체국 고객만족의 원인을 분석하고 발전 방향을 제시함으로써 이젠 떠나왔지만 인생의 황금기 40년을 바친 우체국과 그 구성원들에게 조금이나마 도움을 주고싶은 마음으로 이 책을 내놓게 되었다.

고객만족이나 서비스에 관한 서적들이 봇물처럼 쏟아져 나오고 있는 때에 같은 부류의 책을 낸다는 데 많은 망설임이 있었던 게 사실이다. 그러나 시중의 서적들 대부분이 기업경영 측면을 고려한 일반론적인 서적들뿐이라는 점에서, 보다 범위를 좁혀

우체국 고객만족에 초점을 맞춘 책 한 권쯤 내놓는 것도 의미있는 일이라는 생각에 용기를 얻었음을 고백한다.

　모쪼록 사랑하는 우체국 가족　여러분들께 적으나마 도움이 되었으면 하는 바램뿐이다.

　아울러 이 책이 나오기까지 물심 양면으로 성원해 주신 선배 체신인 여러분께 감사 드리고 특히 바쁘신 가운데 추천서를 써서 격려해 주신 구영보 우정사업본부장님과 필명도 없는 저자의 글을 선뜻 받아들여 좋은 책을 만들어 주신 푸른사상 한봉숙 사장님과 임직원 여러분께도 감사드린다.

갑신년 초봄에 저자

이 재 형

변화하는 시대의 고객만족

변화하는 시대의 고객만족

변화하는 시대의 고객만족

제7장 서비스 마무리로서의 민원 해결

제1장 변화하는 세상

과거는 역사입니다.
미래는 신비입니다.
오늘은 선물입니다.
그래서 우리는 현재를 선물(present)이라고 부릅니다.

1. 변화의 의미와 모습

(1) 변화의 의미

변화의 말뜻을 사전에서 찾아보면 "사물의 모양이나 성질이 변하여 다르게 되는 것"이라고 되어있다. 이것은 대개 자연현상으로서의 변화를 의미한다. 그러나 여기서 논의하고자 하는 변화는 인위적인 것으로서 우리가 살아가는 세상을 어제보다는 오늘, 오늘보다는 내일 더 살기 좋은 곳으로 만들고자하는 뜻에서의 변화이다. 따라서 인간의 의지가 강하게 작용하는 이와같은 변화는 변혁 또는 개혁이라고 해도 무리가 없을 것이다. 어휘의 선택은 여하간에 오늘날 가장 많이 거론되고 있는 화두로서 국민의식 구조에서 부터 정치제도, 기업경영과 노사관계, 문화에 대한 관점에 이르기까지 모든 분야에서 요구 되고 있는 것이 바로 이 변화라는 명제이다.

(2) 변화에 대한 시대적 고찰

인류의 역사를 생산 도구의 변천에 따라 구분해 보면 원시사회, 농경사회, 산업사회 그리고 지식정보사회로 나눌 수 있다. 이 기간을 2만년이라고 볼 때 그 대부분이 원시 내지는 농경사회에 속하고 산업혁명을 기점으로 시작된 산업사회는 기껏 2~3백년 밖에 안되었으며 더구나 후기 산업사회 또는 지식정보사회는 지금 막 시작되었다고 할 수 있다. 이렇게 볼 때 문명의 발전과 변화의 속도는 발전의 단계가 진전될수록 빨라지고 다양해졌음을 알 수 있다

어느 대학 교수는 전에는 한번 교안을 작성하면 그것으로 최소한 1년이나 한 학기는 대처 할 수 있었는데 요즘은 어제의 지식이 오늘은 쓸모없는 것이 될 만큼 급변하기 때문에 계속해서 교안을 수정·보완하지 않으면 교단에 설 수 없다고 푸념섞인 말을 한다. 또 최신형 전자제품을 살려면 죽을 때까지 사지 않고 기다리는 방법밖에 없다는 얘기가 나올 정도가 되었다. 가히 전광석화(電光石火)와 같은 속도가 아닌가.

> 지금 이대로가 안전하고 편안하다. 여러 해 동안 성공을 이룬 사
> 람들에게 변화는 곧 적이다.
>
> — 잭 웰치

2. 변화에 대한 인식의 중요성

(1)빠르게 변화하는 환경을 미리 인식해야 한다

이와 같이 빠른 속도로, 그것도 끊임없이 흐르고 있는 변화의 기류를 인식하는 것이 무엇보다도 중요하다. 이것을 인식하느냐 못하느냐에 따라 성공과 실패, 발전과 퇴보, 나아가서는 삶과 죽음이 교차할 수 있기 때문이다.

(2) 그 논리의 증거로 개구리 실험을 제시

비이커에 상온의 물을 채우고 그 안에 개구리를 담근 채 천천히 가열하면 개구리는 서서히 더워지는 온도의 변화를 감지하지 못하고 마침내 삶겨져서 죽고 만다. 그러나 처음부터 뜨거운 물에 개구리를 던져 넣으면 혼신의 힘을 다해 뛰쳐나와 약간의 화상을 입은 채로나마 생명을 유지한다고 한다. 이와 같이 변화에 대한 인식의 중요성은 대단한 것이라 할 수 있다.

3. 변화에 대한 인간의 반응

변화가 보다 나은 내일을 만들기 위하여, 그리고 생존을 위하여 필수 불가결한 명제임에도 불구하고 아이러니컬하게도 다음의 세 가지 이유 때문에 인간은 일반적으로 변화를 싫어한다.

(1) 변화 그 다음에 무엇이 올 것인가 라고 하는 불안감

(2) 변화로 인하여 지금까지 누려온 기득권을 상실할지도 모른다는 불만 또는 상실감

(3) 변화로 인하여 몸에 베인 타성적 습관으로부터 일탈하게 되는데 따른 불편감 따라서 인간에게 이와 같은 속성이 있다는 것을 교훈으로 삼아 변화를 인식하고 적응하며 한 걸음 더 나아가 변화를 창출하는 데 힘써야 할 것이다.

다른 CEO들과는 달리 잭 웰치는 변화를 좋아했다. 그는 변화가 흥미롭고 또 도전적이며 심지어는 자유로운 것이라고 생각했다. 새 제품들, 새로운 경쟁자들 그리고 새로운 사업환경에 접하며 의욕을 불태웠으며 그리하여 그는 20세기 최고의 CEO가 된 것이다.

발상을 전환하면 해결의 길이 보인다.
전화위복은 바로 그런 의미이다.

4. 『누가 내 치즈를 옮겼을까』라는 책이 주는 교훈

(1) 스펜서 존슨이 지은 세계적 베스트셀러인 이 책은 두 명의 꼬마 인간과 두 마리의 생쥐를 의인화하여 등장시켜 미로 속에서 갖은 역경과 수많은 시행착오를 거쳐 치즈를 찾아가는 과정을 그린 책이다.

어느 날 갑자기 치즈가 없어져버린(사실은 그들 스스로 먹어서 없앴다.) 엄청난 상황 변화를 어떻게 받아들이고 반응하는가를 보여줌으로써 변화에 대한 인간의 대응이 어떠해야 한다는 것을 열변으로 가르치고 있다.

(2) 실제로는 자신들이 먹어서 없앤 치즈─財貨─의 재고가 바닥난 순간 생쥐 두 마리는 그 변화에 두려움을 느끼지만 앞서거니 뒤서거니 새로운 치즈를 찾아서 모험 여행을 떠난다. 그러나 꼬마 인간들은 거기 적응 내지는 대처하지 못한다. 분노와 좌절 불신과 허탈로 뒤범벅이 된 감정의 격랑에 허덕인다. 그중 하나는 뒤늦게나마 앞서간 생쥐들의 뒤를 따라 새로운 도전에 나

서서 결국 또 다른 치즈를 찾고 거기 안주하지만 나머지 하나는 끝내 실패하고 만다.

(3) 책 속의 독후감이라 할 수 있는 실존인물 Chalie Johns의 일화
    미국 NBC방송의 앵커인 그는 원래 육상부문의 탁월한 캐스터였는데 어느 날 출근해보고 자신이 수영 쪽으로 전보된 사실을 알게 된다.
    지금까지 육상부문에서 쌓아올린 관록과 노하우가 하루아침에 쓸모 없는 것이 되고 생소한 수영 쪽으로 가게 된데 대한 당혹감과 두려움이 물밀듯 밀려왔다. 그러나 그보다도 회사가 자신에게 사전통보 한마디 없이 일방적으로 발령한데서 오는 배신감 때문에 그는 분노와 좌절 그리고 무력감으로 며칠을 고민하고 방황하게 된다.
    그 때 우연히, 그야말로 천우신조로 『누가 내 치즈를 옮겼을까』라는 책을 읽고 변화에 대한 자신의 대응이 이 책 속의 마지막 꼬마 인간과 너무도 닮았다는 사실을 깨닫는다.
    "아! 이 책은 하늘이 내게 보내 준 복음에 다름 아니다. 변화

를 두려워하고 거부한다면 남는 건 실패와 좌절뿐이다. 하늘이 내게 스포츠 케스터를 잘 할 수 있는 달란트를 부여했다고 볼 때 노력하기만 한다면 수영이라고 못할 게 뭐가 있겠는가? 그래, 이 기회에 수영 파트에서도 일인자가 되는 것이다." 이렇게 마음을 바꾼 그는 선선히 전보 발령을 받아들이고 수영에 대한 각종 서적을 읽고 현장에 가서 선수들의 경기 장면을 견학하며 다른 케스터들의 방송을 배우는 등 열심히 노력하므로써 지금은 방송인으로는 최고의 영예인 명예의 전당 담당 PD가 되었다.

멀티플레이어의 개념은 히딩크가 그로부터 배운 게 아닐까?

사람에게는 저마다 선호하는 취향이 있다. 그런가 하면 직책이나 근무 지역도 선호하거나 기피하는 곳이 있게 마련이다. 특히 산간 벽지나 도서 지방으로 전보되는 것을 꺼리는 것은 인지상정일 것이다.

섬에 들어가지 않기 위하여 승진 포기 각서를 제출하는가 하면 일단 발령이 나면 어떻게든 빠져 나오기 위하여 애를 쓰는 현상 때문에 그런 지역을 관할하고 있는 관서나 기업에서는 충원에 어려움을 느끼게 마련이다.

누군가는 그 곳에 가서 일해야 하고, 그 댓가로 주거 제공, 특수지 근무수당, 그리고 승진에서의 우선순위 등 각종 특혜가 주어지는데도 말이다.

사실 섬 지역 거의가 관광지이고 맛 좋은 해산물이 풍부하며 공기 좋고 인심 좋은 곳에서 젊은 한 때를 보낼 수 있다는 것, 먼 지역에서 큰 돈과 많은 시간을 들여 일부러 찾아오는 관광객들을 볼 때 너무나 큰 행운이라고 생각하는 내게는 좀처럼 이해하기 힘드는 현상이다.

5. 이불변 응만변(而不変 応万変)

지금까지 시대의 흐름에 따른 변화의 양상에 대하여 살펴보고 개인이나 조직은 물론이고 사회나 국가도 변화의 인식과 적응은 물론 그 스스로 변해야한다는 것을 몇 가지 사례를 통해 알아보았다.

그런데 그와는 반대로 인간의 본성 속에서, 주변의 상황이 어떻게 달라지더라도 중심을 잡고 변하지 말아야 할 부분이 있다.

정의나 자유에 대한 신념, 인간의 존엄성에 대한 가치 부여, 그리고 나와 다른 생각이나 사상을 가진 다른 사람을 인정하고 존중하므로써 나 자신의 존엄성을 지킬 수 있다는 인간 공존의 원리들은 시대가 아무리 변하더라도 흔들림 없이 가슴 속에 간직해야 할 보편적 원리이자 삶의 지표라고 할 수 있는 것이다.

흔히 우리나라 사람들을 가리켜 냄비근성이 있다고 들 말한다. 그런 속성을 잘 보여 준 사례 하나를 소개해 보자. 이 사례를 통하여 나 스스로 변하지 않으므로써 주변의 만가지 변화에 능동적이고 효과적으로 대처할 수 있다는 뜻을 가진 이불변 응만변의 의미를 되새겨 보고자 한다.

지난 89년 3월 민족의 염원인 통일의 길을 열겠다는 일념으로 고 문익환 목사가 북한에 갔다. 그는 김일성 주석을 만나 회담하고 북측의 통일 방안이기도 한 연방제 통일 방안에 대하여 찬성하는 한편 남측과 미국이 합동으로 실시하는 팀스피리트 군사훈련이 남북대화나 평화공존에 장애가 된다는 데에 동의하였다.

그는 우리 정부가 돌아오는 대로 구속하겠다고 경고하는 가운데 판문점을 통해 육로 귀환하였다. 이 때 우리 국민들은—물론 극우 언론들의 부추김도 한몫 했고 또 반대론자들도 있었지만—마치 금방이라도 적화 통일이 일어나거나 나라가 결단나기라도 할 것처럼 온통 들끓었고 그러한 민심에 힘입어 칠십이 넘은 종교 지도자요 민족주의자인 문 목사를 구속하는데 주저함이 없었음은 주지의 사실이다.

그런데 비슷한 일이 이웃 대만에서 일어났다. 대만의 여당인 국민당의 중진 국회의원이 정부의 반대에도 불구하고 북경에 가서 우리의 문 목사와 같은 일을 저지르고 돌아온 것이다.

문제는 그 다음이었다. 같은 분단국가—정확한 표현이 아닐지 모르지만—이면서 힘의 균형 측면에서 보면 우리보다 훨씬 열악한 대만 정부가 북경에 다녀온 국회의원에 대하여 보여준 것은 문자 그대로 무대응, 그것이었던 것이다. 그에게 가해진 유일한 제재는 구속이나 다른 법적인 것이 아니라 정당에서의 당직 박탈뿐이었고 언론도 사실 보도만 했으며 국민들의 비난이나 동요도 전혀 없었다. 이상하지 않은가?

당시 동아일보 영국 특파원이었던 전 KBS사장 박권상씨도 결국 대한민국의 국민이었으므로 당연히 이 사실이 이해되지 않았고 그래서 동업인 대만 기자에게 물었다. "당신네 나라는 도대체 그렇게 중대한 사태에 대하여—사실 국기가 흔들리는 일이라고 생각할 수도 있지 않은가—어떻게 이렇게 무반응일 수 있는가?"라고. 그 질문에 대한 대만 기자의 대답이 바로 이불변응만변이었던 것이다.

유감이지만 그 일은 이미 일어나서 쏟아진 물이 되었고 그것 때문에 현실적으로 무슨 일이 일어난 것도 아니며 비록 정치인이라지만 하나의 개인자격으로 생각하고 행동한 것뿐인데 공권력이 간여한다는 것이 오히려 우스운 일이 아니겠냐면서 그를 제재할 수 있는 주체는 유권자뿐이고 그 방법은 차기 선거를 통하여 표로써 행해져야한다고 말하면서 이 시점에서 그의 행동에 흥분하고 박해를 가했을 때 가장 이익을 보는 쪽은 등소평 정부뿐이라면서 주변 상황이 혼란스러울수록 스스로 중심을 지켜 흔들리지 않고 여러 가지 변화에 능동적으로 대처해야 하는 게 아니냐고 웃음 띤 얼굴로 반문했다는 것이다. 그때 박 특파원이 느꼈을 민족적 자괴감이 십년이 훨씬 지난 지금도 생생하게 되살

아닌다.

어쨌든 다음 장 이하에서 다루게 될 고객만족을 이루는데 있어서 변화에 대한 능동적 대응과 함께 그 반대 개념인 이불변 응만변 또한 항상 염두에 두어야할 중요한 덕목이라는 것을 강조하고 싶다.

고객의 다양한 욕구와 업무상의 변화에 능동적으로 대처하면서 그 바탕에 고객에 대한 봉사가 우리의 본연의 책무라는 사실, 그리고 항상 고객에게 감사해야한다는 이념을 변함없는 충정으로 간직하는 것이야말로 다른 무엇과도 바꿀 수 없는 고객만족 구현의 알파요, 오메가인 것이다.

제2장 우체국 주변상황의 변화

> 변화란 단순히 과거의 습관을 버리는 것이 아니고 새로운 습관을 만들어 거기 적응하는 것이다.

1. 내부 변화

우체국C/S를 논하기에 앞서 우체국을 둘러싼 주변환경은 과거에 비하여 어떻게 변하고 있는가를 먼저 알아보는 것이 우선적으로 필요하다. 변화에 대한 인식이 무엇보다도 선행되어야한다는 데에 입각하면 쉽게 이해할 수 있으리라 생각한다.

(1) 업무의 다양화와 전산화

변화하는 고객의 욕구에 부응하기 위하여 필연적으로 우체국 업무는 다양하게 개발, 확장되는 추세에 있다. 이 추세는 우정사업본부의 출범과 함께 경영의 기업적 측면이 강조되면서 한층 더 강화되었다.

한편 컴퓨터의 보급과 이에 관한 소위 IT기술의 발달은 현업직원들의 전산화에 대한 발전적 적응을 요구하고 있다.

(2) 내부 경쟁의 격화

경영평가에 의한 보상체계의 정비 · 운용에 따라 과거에는 경험하지 못했던 각 체신청 간, 체신청 내 총괄국 간은 물론 총괄국 내부의 관내국 상호 간에, 그리고 직원 상호 간에 치열한 경쟁의식이 생겨났다.

이와 같은 경쟁의식의 고조는 경영 실적의 향상이라는 긍정적 측면이 있는 반면 청간, 국간, 그리고 직원 상호 간에 첨예한 긴장감이 조성되어 직장 분위기가 경직될 수 있는 부정적 측면도 있는 게 사실이다.

이 부분은 다음에 좀 더 상세히 다루게 되겠지만 어쨌든 긍정과 부정의 양면으로 작용하는 경쟁의 격화는 각 단계의 최고 관리자들이 조화롭게 승화시켜야 할 과제임에 틀림없다.

(3) 조직의 노후화

IMF사태 이후 구조조정의 파고에 휘말리면서 4,600여명의 인원 감축이 하위직 위주로 이루어졌다. 이와 같은 인원 감축은 특히 일선 요원의 부족현상을 초래하였으며 기능직 신규채용이 막힘에 따라 조직의 노후화를 가져왔다.

일정 인원의 신규채용을 통하여 새로운 인력 자원이 보충되어 그들의 젊은 패기와 노련한 선배 직원의 노하우가 조화를 이

루어 빚어내던 활력 넘치는 직장 분위기가 사라지고 조직이 경
직되므로써 자연히 생산성도 떨어지는 악순환이 계속되는 것이
작금의 현상인 것이다.

특히 주로 창구에 배치된 기능직 남녀 직원들의 경우 자신들
이 감당키 어려운 격무에 시달리고 있다고 생각하면서 연금을
받을 수 있는 근속 20년만 채우면 그만 둬야겠다고 생각하고 있
는 경우가 상당히 많다는 것이다. 그들에게서 생산성 향상이나
그 바탕이 되는 고객만족을 기대하기 어렵다는 것은 짐작하기
어렵지 않을 것이다.

(4) 사업 본부의 출범

21세기 선진우정 창출, 최상의 가치를 창출하는 새로운 우정
기업*이라는 비전을 내걸고 2000년 7월 1일 우정사업본부가
출범하였다.

사회적 여건의 변화에 부응하기 위하여, 또는 어떤 특별한 목
적을 달성하기 위하여 조직은 언제나 새로 만들어지거나 없어질
수 있다. 그리고 그 규모가 축소 또는 확대될 수 있다. 그러나

우정사업본부 출범기념 (행사 출연진)

우정사업본부의 탄생은 이와 같은 일반적 조직현상을 뛰어넘는 획기적인 변화의 산물이라고 할 수 있다. 물론 지금까지도 일선 현업을 중심으로 경영적 측면이 강조되어온 것이 사실이지만 그 것은 어디까지나 일반 행정기관과는 다른 우체국의 특성에서 나오는 최소한의 당위성의 수준을 넘지 않은 것이었다.

우정사업 운영에 관한 특례법에 따라 설립된 사업 본부는 동법 제 7조에서 규정하듯 전통적 의미의 정부 조직과는 다른 성질의 기관이며 동 법 시행령 제10조의 규정에 따라 경영실적에 대한 평가를 받고 이에 책임을 짐으로써 명실상부한 기업적 조직으로 환골탈태한 것이다.

우체국 서비스 헌장

"우리 우정사업본부 전 직원은 우체국 서비스의 고객만족과 신뢰성 향상이 우리가 지향하는 가치임을 깊이 인식하고 고품질의 우편·금융서비스를 제공하는 선진 우체국을 이룩하여 국민의 삶의 질 향상과 경제발전에 기여하기 위하여 다음과 같이 실천하겠습니다.

□ 우리는 모든 고객을 정중하고 친절하게 맞이하여 최고의 우체국 서비스를 제공하겠습니다.
□ 우리는 우편물을 소중히 다루고 신속, 정확하게 배달하며 각종 사고 예방에 최선을 다하겠습니다.
□ 우리는 안전하고 편리한 종합 금융 서비스의 제공에 최선을 다함으로써 국민의 금융이용 편익을 증진시키겠습니다.
□ 우리는 우체국을 친근하고 깨끗하게 가꾸고 정보화시대를 선도하는 지역문화센터로 만들어 나가겠습니다.
□ 우리는 우체국 서비스에 대한 고객의 불만을 신속, 공정하게 처리하고 보상하겠습니다.
□ 우리는 항상 겸허한 자세와 늘 깨어있는 의식으로 고객의 의견을 존중하고 반영하며 중단 없는 서비스의 제공으로 믿음 주고 사랑 받는 우체국이 되겠습니다.

이와 같은 우리의 목표를 달성하기 위하여 구체적인 〔서비스 이행 표준〕을 설정하고 이를 성실히 지킬 것을 약속합니다.

다음은 세계 최고 기업인 GE의 서비스 헌장이라고 할 수 있는 가치관이다. 좋은 비교가 되리라 여겨 소개한다.

GE의 가치관

a. 고객에 대한 봉사에 열정을 가지고 경영의 초점을 거기에 맞춘다.
b. 6-시그마 품질 운동(100만개의 제품 중 3,4개 이내의 불량률)에 전념하고 고객이 첫 번째 수혜자임을 명심하여 성장을 가속화한다.
c. 우수성에 헌신하고 관료주의를 용납지 않는다.
d. 무경계 방식으로 행동하고 어디의 누구가 원천이건 늘 최고의 아이디어를 찾고 그것을 활용한다.
e. 지구적 知的 자본과 그것을 제공하는 사람을 조직 내외를 불문하고 소중히 여겨야 한다.
f. 변화가 가져다 주는 성장의 기회를 찾는다.
g. 분명하고 간단하고 고객 중심적 비젼을 제시하고 실천에

창구 손님 맞이 시범 연기진

옮긴다.

h. 스트레치 신바람 비형식성 그리고 신뢰의 환경을 조성하
고 개선을 보상하며 성과를 칭찬한다.

2. 외부 환경의 변화

(1) 경쟁의 격화

무한 경쟁의 물결은 원래부터 경쟁 관계에 있던 금융부문에
서 경쟁의 격화를 가져왔을 뿐 아니라 원래 독점사업이었던 우
편부문에 있어서도 심화되었다.

물류 부문의 2000년 통계(사업 본부 제공)를 보면 국내 총 소
형포장물 물동량 2억8천9백9십만 통 가운데서 우체국 취급 물
량이 2천9백여 만 통(10.9%)으로서 과거 독점 시절에 비하면
격세지감을 느끼게 된다.

전에는 적어도 우편에 관한 한 완전 독점이었기 때문에 고객들은 우리의 친절봉사 수준 여하를 막론하고 우편물을 부치기 위해서는 선택의 여지없이 우체국을 찾지 않을 수 없었는데 이제는 수많은 택배회사와 국내외 사송 업체들 중에서 자기 취향에 맞는, 그리고 서비스가 좋다고 생각되는 곳을 골라 찾을 수 있게 된 것이다.

(2) 인터넷의 발달과 민원제기 방법의 변화

세계적 IT강국으로 부상한 우리나라의 인터넷 이용 인구가 2천5백만을 상회하고 그 증가속도 또한 계속 늘어나고 있다고 한다. 유아세대와 극노인층을 제외하면 국민 거의 전부가 인터넷을 이용하고 있다고 봐도 좋을 것이다.

이와 같은 현상을 우체국을 찾는 고객의 성향 측면에서 생각해 보면 과거와는 사뭇 다른 모습을 상상할 수 있다.

특히 인터넷 이용에 있어서 주된 연령층인 N세대의 자기 표현(말씨, 몸맵시, 옷차림을 통틀어 주변 상황이나 남의 눈길 보다 자신의 의지에 충실한)은 놀라울 만큼 개방적이다. 게다가

PC라는 매개체를 이용하여 직접 대면하지 않고도 자기 의사를 표현할 수 있는 편리함 때문에 거의 대부분의 민원이 인터넷을 통하여 이루어지고 있다.

한편 인터넷의 익명성(匿名性) 때문에, 그리고 앞서 말한 N세대의 특성으로 인하여 날로 민원이 증가하고 있다.

과거의 민원 제기는 우체국 창구나 외근자들과 만나는 접점에서 대면한 가운데 일어나는 것이 일반적이었다. 이럴 경우 자칫 언쟁을 유발하고 그러므로써 사안을 더 악화시킬 수도 있지만 반대로 대화를 통하여 초기에 해결할 수 있는 길이 열리기도 하는데 반하여 인터넷이라는 매체를 통한 간접적 접촉인 점에서 민원의 양이 증가하는 외에 직접 해결하기 어려운 갖가지 민원이 일어나는 실정이다. 그러나 다른 한 편 쌍방향 의사 소통이라는 이점을 살려 잘 활용한다면 시대의 흐름과 연계된 고객의 욕구를 실시간 파악할 수 있고 그것을 바탕으로 조직의 발전에 이바지할 수 있을 것이다. 이것이 또한 변화에 능동적으로 대처하는 길이기도 하다.

(3) 다른 기관의 고객만족 중시

기업 경영에 있어서 고객만족-Customer Satisfaction-C/S-의 중요성은 일찍부터 강조되어왔다. 게다가 무한 경쟁시대에 접어든 후기 산업사회에 들어서고부터 그것은 단순한 이윤 추구의 한 방편이었던 하위 개념으로부터 사회 속에서 기업이 살아남기 위해서 반드시 실현해야 할 최고의 가치로 인식되고 있다.

국가기관이면서 한편으로 기업적 성격을 가진 우체국도 '친절봉사'라는 이름으로 30년이 넘는 오랜 기간 동안 고객만족을 추구해 온 것은 다 아는 사실이다.

그런데 그 동안 고객만족이나 친절봉사와는 무관하게 생각되었던 기관들이 앞다투어 이 운동에 뛰어든 것이다. 동사무소나 구청, 시청은 말할 것도 없고 소위 권력기관이라 불리는 경찰, 법원, 검찰, 세무관서까지, 공무원이 국민에 대한 봉사자라는 민주국가의 이념에 비추어 볼 때 이것은 당연한 일이요. 지극히 바람직한 일임에 틀림없다.

그럼에도 불구하고 이런 현상을 우체국의 고객만족 측면에서 볼 때 무심히 넘겨버릴 수만은 없는 미묘한 상관 관계가 있는 것이다.

그들 기관의 공무원들이 보여주는 작은 변화에도 이용고객인 시민들은 산뜻한 충격을 받을 수 있는데 반하여 늘 친절봉사를 실천해오던 우체국 직원들의 변화는 그저 그런 것으로 받아들이기 십상이기 때문이다.

전혀 기대를 하지 않고 갔다가 경험하게 되는 친절봉사는 뜻밖의 것일 수 있지만 어느 정도 친절과 환대를 받을 것을 기대하고 찾은 곳에서 받는 친절봉사는 새로울 것이 없게 마련이다. 따라서 우체국의 고객만족은 경제적 측면에서, 선진국과의 거리를 좁히는 데 어려움을 겪으면서 한편으로 뒤 따라 오는 후발 개도국의 추월을 감내해야 하는 우리나라의 위상을 표현한 '샌드위치현상'에 처해있다고 말할 수 있을 것이다. 백화점이나 은행과 같은 앞서가는 기관들을 따라잡기 어려운 가운데 다른 국가 기관들의 빠른 추격을 받고 있기 때문이다.

제3장 고객만족 전략

여러분의 회사 자체가,
회사의 업무 전부가 서비스이다.

1. 고객만족의 필요성

(1) 사업 성과 거양(擧揚)을 위한 전제 조건

우체국도 사업조직이므로 생존과 성장을 위하여 사업 목표를 설정하고 달성해야 한다. 앞에서 살펴 본 바와 같이 외부 환경은 무한 경쟁체제에 처해 있으므로 이와 같은 사업 목표 달성을 위하여 친절봉사를 통한 고객의 유치 및 확대가 무엇보다도 필요하다. 고객만족과 사업성과는 마치 봄부터 여름까지 씨 뿌리고 가꾸는 노력과 가을에 수확하는 곡식 사이에 비견되는 인과관계에 있다고 말할 수 있다.

추운 겨울날 벽난로에서 따뜻한 온기를 즐기기 위해서는 먼저 장작을 준비하고 불을 지펴야하는 것과 같은 이치이다. 따라서 평소 고객만족에 힘써서 그 반대급부로서의 성과 거양(擧揚)을 염두에 두어야 하는 것이다.

(2) 생명 유지를 위한 에너지 공급자에 대한 감사의 표현

지난 2년여 동안 우체국을 순회하며 실시한 고객만족 강연에

君師父一體 → 頭師父一體 → 顧師父一體

서 필자는 강연을 듣는 직원들에게 봉급을 누가 준다고 생각하는가 라는 질문을 해 보았다. 우문이긴 하지만 봉급을 주는 것은 바로 우체국을 이용하는 고객이라는 생각을 심어주기 위해서 던진 질문이었음은 더 말할 필요가 없다. 전에 필자가 그러했던 것처럼 우체국에 근무하는 모든 계층의 직원들은 직무수행 즉 봉사의 대가로 봉급을 받고 그 돈으로 인간으로서의 존엄성과 거기 걸맞는 품위를 유지하며 생존해 간다. 그리고 그 재원은 고객이 지불한 요금이나 수수료인 것이다.

자식이 부모를 공경하고 효도하는 것은 부모가 자신에게 생명을 준 때문이라고 말할 수 있다면 비록 혈연 관계는 아니라 하더라도 그 생명을 유지하는 에너지를 공급하는 고객이야말로 부모에 버금갈 만큼 소중한 존재가 아니겠는가? '君師父一體'라는 말을 패러디 하여 '頭師父一體'라는 영화가 얼마 전에 상영된 것을 떠올리며 필자는 〈顧師父一體〉라는 신조어 하나쯤 생겨나도 괜찮으리라 생각해 본다.

고객과 선생님과 아버지가 같은 반열에 서는 존재라는 사실을 인식하고 내가 부모에게 효도하는 마음으로 고객을 대한다면 고객만족은 자연히 이뤄지게 되지 않겠는가?

　최근 일본의 유명한 이륜차 메이커이자 자동차 메이커이기도 한 혼다社의 창업주의 전기를 읽고 안 일이지만 봉급을 고객이 준다고 하는 생각은 반세기도 훨씬 전인 1940년대 중반에 이미 일본의 전설적인 CEO였던 혼다 소우이치로(本田 宗一郎)가 먼저 한 말이었다.

　그는 종전 후 자전거에 소형 모터를 장착하여 판매하기 시작해서 모터싸이클에 이어 오늘날 세계적인 자동차 메이커가 된 (그런 의미에서 우리나라의 정주영 전 현대그룹 회장과 비슷하다.) HONDA를 창업한 사람이다.

　그는 40년대 말 무렵 자사의 모터 생산 공장에 들르면 자주 "모터에 결함이 있으면 바로 우리에게 봉급을 주는 고객의 생명을 위협하는 무기가 된다는 것을 명심하라"고 무결함 생산을 강조했다고 한다.

(3) 봉사는 그 자체가 최고의 보람이요 행복이다

　위에서 우리는 친절봉사가 조직의 목표 달성뿐만 아니라 그 구성원 개개인을 위해서도 꼭 필요하다는 것을 알게 되었다. 그런데 약간의 차이는 있다 하더라도 이러한 친절봉사는 사실 상대적이고 조건 있는 봉사라고 할 수 있다. 그것을 통하여 고객의 마음을 움직여서 그로 하여금 조직의 목표 달성과 그 반대급부라고 할 수 있는 개개인의 경제적 수익을 보장 받고자하는 욕구가 내재되어 있기 때문이다.

이제 좀 다른 차원, 즉 친절봉사를 실천하는 주체의 심리적 상태에 대하여 생각해 보기로 하자.

말라리아와 같은 치명적 풍토병과 더위, 그리고 극한적 생활 여건을 무릅쓰고 아프리카 원주민의 건강을 위해 평생을 바친 슈바이처나, 배고프고 헐벗은 어려운 사람들을 위하여 예수의 길을 갔던 테레사 수녀 같은 분들은 누구의 강요나 최소한의 합당한 보상도 받지 않고 그 어려운 일을 한 사람들이다.

그 일이 자신들이 꼭 해야할 일이라고 믿는 사명감이 아무리 강하다고 하더라도 그것 하나 만으로 평생을 그렇게 살 수 있었을까. 그것 말고 그 일에서 얻는 보람을 통하여 스스로 만족하고 즐거워하는 성취감과 행복감이 더 큰 동기가 아니었을까?

아마도 이 두 가지가 함께 그들의 마음속에 있었기 때문이었을 것이고 전자보다는 후자 쪽이 더 큰 비중이었으리라 생각된다.

다음과 같은 슈바이처의 말이 그걸 증명하고 있다.

"남에게 봉사하는 것만큼 고귀한 신앙은 없다. 많은 사람들의 행복을 위하여 일하는 것은 가장 위대한 신앙이다."

그런 의미에서 볼 때 우체국 직원들의 봉사 활동은 사명감이나 보람에다가 인간으로서의 존엄성을 지킬 수 있는 보수까지 받을 수 있어서 그야말로 금상첨화라 하겠다.

2. 친절봉사 구현의 어려움

친절 봉사, 즉 서비스가 구현하기 힘든 데에는 다음의 세 가지 원인이 있다고 한다.

첫째. 고객 만족에 대한 기본적인 도전 자세의 결여

둘째, 서비스를 비지니스의 본질이라고 생각하지 않는 자세
셋째, 서비스 리더십에 대한 이해 부족

우체국 친절봉사 운동은 1970년대부터 혹은 그 이전부터 시작되었다. 30년이 넘는 오랜 기간 동안 꾸준히 추진해온 이 운동이 아직도 주요 목표로 설정되어 있다는 사실은 그만큼 친절봉사 구현이 어렵다는 의미에 다름 아닐 것이다.

본 절에서는 위에 든 세 가지 외에 우체국이라는 특수성에 따른 어려움들을 알아보고 이 문제를 극복하기 위한 전제조건은 무엇인지 생각해 보기로 한다.

(1) 공무원 조직의 특수성

우체국은 경영을 통하여 이윤을 추구하는 기업과 본질에 있어서 아무런 차이가 없는 것이 사실이다. 그럼에도 그 조직 형태는 국가기관이고 구성원은 공무원이라는 특수성을 가지고 있다.

당연한 일이지만 국가공무원 법의 규정에 따라 민간 기업의 종업원에 비하여 상대적으로 신분 보장이 잘 되어 있어서 어느

정도 안정된 마음으로 근무할 수 있다. 그러나 바로 그 점이 안일과 타성을 불러일으키는 요인이 되기도 한다.

이렇게 볼 때 우정사업본부의 출범은 우체국 조직이 그 본질인 기업적 성격에 한발 더 다가갈 수 있는 계기가 되었다고 할 수 있을 것이다.

(2) 감정 표현의 미숙

우리 민족은 유교적 전통 속에서 살아온 만큼 마음 속에 일어나는 감정을 꾸밈없이 나타내는 데 서투른 속성이 있다. 마음 속에 일어나는 희로애락의 감정을 여과 없이 드러내는 것을 경박하고 사려 깊지 못하다고 가르쳐 왔다.

친절봉사는 봉사 주체가 가지고 있는 고객에 대한 고마움을 말이나 행동을 통하여 표현하므로써 이루어지는 것인데 그것을 엄격하고 점잖은 습성으로 굳어진 행태가 가로막는 것이다. 고맙습니다. 라는 말과 함께 잔잔하면서도 밝게 띄워 보내는 미소야말로 친절봉사의 기본인데 말이다.

> 고객은 자신이 경험한 최상의 서비스를 다른 점포, 다른 기업에
> 서도 받기를 원한다. 그 기대는 다른 서비스 업계에 파급되고 기
> 준이 되며 목표가 된다.

(3) 고객욕구의 무지개 현상

고객은 자기가 받은 감동적 대우를 자기 욕구의 수준으로 정하는 특성이 있다.

그리고 이 수준은 더 높아질지언정 하향 조정되지는 않는다. 생활 수준이 나아져서 지금까지 애용하던 기호품을 한단계 양질의 것으로 바꾸고 나면 좀처럼 더 낮은 질의 기호품으로 회귀하기 어려운 이치와 같다.

〈고객 서비스의 신화〉를 쓴 미국의 의류판매회사 노드스트롬 (Northstrom)의 전 부회장 Bethy Senders는 이것을 고객욕구의 무지개 현상이라고 말했다. 고객의 욕구는 마치 잡을 수 있을 것 같아 열심히 쫓아가면 그만큼 더 멀어지는 무지개와 같아서 애써 이룩해 놓으면 어느새 더 높은 수준으로 달아나 있다는 것이다.

따라서 친절봉사 내지는 고객만족은 명확한 가시적 목표를 정할 수 없고 오직 최선을 다해서 끊임없이 노력하는 것이며 그러한 과정을 통해서 고객과의 관계가 개선되고 사업성과가 개선되게 하는 연속운동이라고 말할 수 있다.

(4) 규칙이라는 필요악

업무처리의 안정을 기하고 일단 착오나 분쟁이 일어났을 때 그것을 해결하고 책임 한계를 명확히 하기 위하여 법률이나 규칙을 제정 시행하는 것은 필요하고도 당연한 일이다.

이러한 것은 우체국도 예외일 수 없다. 우체국은 조직의 규모가 크고 국가기관이라는 특성으로 인하여 상대적으로 그 필요성이 크다고 할 수 있다. 특정 조직이 아닌 일반 사회에도 질서나 평화·안전을 유지하기 위하여 규칙이 존재하는 바 교통법규나 전염병 창궐 지역에 대한 통행제한 같은 것이 그 예이다.

이와 같은 모든 종류의 규칙은 그것을 만든 조직이나 사회에서의 삶이 보다 질서 있게 그리고 효율적으로 이루어지게 하기 위한 데 그 목적이 있다. 그러나 규칙에 너무 얽매이다 보면 오히려 본말이 전도되어 불편하고 비효율적인 삶이 되어버릴 수 있는 것도 또한 사실이다. 따라서 규칙을 적용함에 있어서도 조화와 균형감각이 필요하게 된다.

*절대규칙과 상대규칙 ; 규칙과 서비스가 충돌을 일으킬 때

먼저 착안해야 할 일은 그 규칙이 깨어질 때 공공의 안녕과 질서에 치명적인 위해를 가하는가 아니면 다만 약간의 불편을 초래하는가에 대한 판단이다.

깨지거나 무시되어서는 안되는 규칙, 예를 들어 중앙선 침범이나 산소기기 사용 공간에서의 금연과 같은 절대로 지켜야만 하는 규칙이 있는가 하면 마감시간 이후의 거래나 액면가 50% 이상 사용 조건으로 허용되는 수표의 거스름 돈 지불과 같은 어느 정도 유연하게 대처하더라도 큰 문제가 없는 규칙이 있는 것이다.

우체국 업무상의 규칙을 위의 기준에 따라 나누어 보면 금제품의 접수 거부와 같은 것은 절대 규칙으로서 반드시 지켜져야 하는 것이고 깨지기 쉬운 내용물의 접수나 착불액 범위 내에서의 택배내 현금 동봉, 운송 중인 우편물의 발송인에의 교부와 같은 것은 상대규칙에 속한다고 할 수 있다.

*최고의 절대규칙은 고객의 이익이다.

상대규칙도 규칙인 이상 함부로 깨거나 변경해서는 안될 것이다. 그러나 그것을 지키기 위하여 고객의 이익을 희생시켜서는 안된다는 대 전제가 판단의 근거가 되어야 한다는 것이다.

이러한 판단을 위해서 조직의 구성원은 조직의 절대규칙과 상대규칙을 알고 있어야 하고 또 하나 중요한 것은 최 일선의 서비스 요원에게 자신의 판단에 따라 유연성을 가지고 고객응대에 나설 수 있도록 합리적인 권한의 위임이 이루어져야 할 것이다.

그렇게 함으로써 서비스체계의 장애를 신속히 해결하고 사후 책임 문제에 구애됨이 없이 적극적으로 고객에 대한 서비스를 할 수 있을 것이다.

(5) 타 기관의 발전

타 국가 기관의 비약적인 발전도 우체국 고객만족을 어렵게 하는 요인이라고 말 할 수 있을 것이지만 이것은 긍정적인 자세에서 보면 오히려 자극제가 될 수도 있는데다가 앞 장에서 살펴보았으므로 상술은 하지 않기로 한다.

> 친절봉사는 정신운동이다.
> 거기엔 비전과 목표가 있어야하고 그보다 먼저 어떤 마음의 자세
> 로 이 운동에 임해야 하는가 라고 하는 이념의 정립이 선행되어
> 야 한다.

3. 친절봉사의 이념

(1) 우체국 친절봉사의 이념(제비 세마리 형상화)

친절봉사에 관한 한 오랜 전통을 가지고 있는 우체국은 그 상
징으로 제비 세 마리의 모형을 만들어 각종 도구나 건물의 간판,

서류 등에 새겨 사용하고 있다.

이것은 신속, 정확, 친절이라고 하는 대 고객 이념을 형상화한 것으로,

첫째, 신속 ; 제비는 하늘을 나는 새 중에서 가장 빠를 뿐만 아니라 우리나라를 찾는 철새 중에서 가장 이른 시기에 남쪽으로부터 온다.

둘째, 정확 ; 제비는 3월에 왔다가 9월에 돌아가는 철새로서 그 오가는 시기가 정확하다.

셋째, 친절 ; 우리 민족의 대표적 설화인 흥부전에서 제비는 행운의 박씨를 물어옴으로서 보은의 도리를 아는 새이고 인간과 가장 가까운 곳에 보금자리를 틀고 살아갈 만큼 사람을 믿고 의지하며 사람과 농작물에 해를 끼치는 곤충만을 잡아 먹고 사는 이로운 새인 것이다.

원래 편지를 배달함에 있어서 가능한 한 빠르게 그리고 정당 수취인에게 정확하게 전달하며 친절한 태도를 견지해야 한다는 의미에서 만들어진 이 상징은 현재는 우체국, 사업 본부의 대표

적 표상으로 널리 사용되고 있다.

헌법이나 국가공무원법의 규정에 의하여 우체국 직원은 공무원으로서 국민에 대한 봉사자라는 지위에 있음은 두말할 나위가 없다.

이는 다른 모든 공무원이 같은 것이지만 특히 기업적 성격의 부처인 우체국 직원에게는 한층 더 중요한 책무인 것이다. 사실 공무원이라는 개념이 처음으로 정립될 때 프랑스에서는 Civil Servis, 즉 시민의 일꾼이라는 개념이었다. 그런 것이 대륙을 거쳐 군국주의 일본에 건너가서 관료—백성 위에 군림하여 지배하고 감독하는—이미지로 굳어진 것이 일제 강점기에 우리나라에 그대로 옮겨져 적용되었다고 할 수 있다.

(2) 사람 대접하기

사람은 누구나 인간으로서의 존엄성을 지니고 있다.

따라서 최소한 자신의 위상에 걸맞는 대접을 받고자 하며 한 단계 더 높은 대우를 받았을 때 만족과 함께 감동을 느끼게 된다.

거꾸로 말하면 고객이 스스로 생각하는 합당한 사람 대접을

못 받았다고 느낄 때 불쾌하고 언짢게 여긴다는 것이다.

사람 대접, 그것도 예상치 못한 깍듯하고 예의 바른 사람 대접이 얼마나 사람을 감동시키는가에 대하여 좋은 예가 있다.

2001년 여름 TV에서 방영된 한 여인의 얘기이다.

독실한 크리스천인 한 젊은 한국 여인이 일본에 건너가 공부하는 동안 우연한 기회에 야쿠자 계의 거물급 인사와 사랑하게 되어 결혼을 약속한다.

애인을 야쿠자 세계로부터 발을 빼게 하여 새 사람을 만들어야겠다고 생각한 여인은 그를 자신의 종교인 기독교에 귀의 시켜서 하느님의 도움을 받아야겠다고 생각한다.

그러나 야쿠자를 교회에 나가게 하는 것은 누가 봐도 쉽지 않은 일인 것이, 그 두 개념은 물과 기름보다 더한 상극적 요소이기 때문이다. 어렵더라도 반드시 이루어야할 절체 절명의 사명이었기 때문에 그녀는 먼저 교회에 나가 전후사정을 얘기하고 그가 교회에 나오면 인기 가수인 보아나 김연자가 온 것보다 더 적극적으로 환대해 달라고 간곡하게 부탁한다. 주일에 그를 대동하고 교회에 갔다. 무신론자를 전도하는 것이 교회의 제일 가는 소명인데다가 여인의 사전 부탁도 있던 터라, 그 환대의 대단함이야 재론의 필요가 없을 것이다.

결혼에 이르는 2~3개월 동안 그야말로 환상적인 사람 대접이 계속된다. 이윽고 결혼에 골인한 두 사람, 한 달여 동안 꿈같은 허니문이 이어졌다. 그러나 오랫동안 몸에 밴 버릇이 그리 쉽게 고쳐지겠는가? 프로포즈로부터 결혼까지의 몇 달 동안 야쿠자 조직으로부터 멀어지면서 점차적으로 새사람이 되어가는 듯 보이던 신랑이 다시 본연(?)의 자세로 돌아간 것이다.

한번 집을 나가면 그대로 그만, 종무소식인 채 한 주일이 흘러가는데 신기하게도 토요일 늦은 밤이면 어김없이 술과 여자와 도박에 찌든 몸을 이끌고 집으로 돌아오는 것이 아닌가.

부부가 함께 출연한 대담 프로에서 진행자가 물었다. "일주일씩이나 소식을 끊고 지내다가 토요일이면 그런 몸으로 꼭꼭 집으로 돌아왔다는데 그 이유가 무엇이었나요?"

이 물음에 대한 대답이 바로 '사람 대접'이 얼마나 사람을 감동시키는가 하는 것을 웅변으로 나타내고 있다.

"아시다시피 저는 야쿠자입니다. 야쿠자인 만큼 조직내의 부하로부터. 유흥가의 여인들로부터 실로 황제와 같은 대접을 받고 살았습니다. 그러나 그것은 어디까지나 내가 가진 주먹과 돈의 힘이 작용한 것이었을 뿐, 제 자신의 인격에 대한 대접이 아니었습니다. 그런데 돈이라고는 주일 헌금 몇 푼밖에 쓰지 않았고 주먹의 힘도 아무런 영향을 미칠 리 없는 목사님을 위시한 모든 신도들이 저를 진심으로 환대해 주었습니다. 주먹과 돈 밖에는 내세울 게 없는, 그리하여 사회로부터 사람 대접은 커녕 금기의 대상인 저를 극진히 대접해 준다는 것, 그것이 저를 토요일 밤이면 어김없이 집으로 인도했습니다. 일요일에 교회에 가야 한다는 잠재의식이 강하게 작용했다고 생각합니다."

이와 같이 인간은 자신의 신분 여하를 막론하고 사람 대접을 받고자 하는 것이다. 무시 당하지 않기를 바라는 것이다.

사람 대접하기는 외부 고객에게 뿐 아니라 내부 고객을 위해서도 유용한 방법이다.

지도자가 해야 할 가장 중요한 일은 조직 내 모든 이의 목소리와 존엄성을 인정하고 이를 소중히 여기고 키우는 것이다.

(3) 기업 이념의 변화

90년대의 고객 기대는 '상품의 값, 가격, Price'라는 말과 같이 상품을 구매하는 대가로 지불하는 돈, 즉 가격에 집중되어 있었다. 그러나 10년 정도가 지난 현재 상품의 가격보다는 품질에 관심이 옮아갔고 더 나아가 친밀하고 빈틈없는 서비스와 탁월한 기업 시스템을 추구하게 되었다.

고객이 없는 기업은 존재할 수 없다. 따라서 이윤 추구가 변할 수 없는 기업의 목표라 하더라도 그것을 달성하기 위한 지향점 내지는 이념이 능률적 생산이라는 물질적 개념에서 마음에 감동을 주는 서비스라는 정신적 개념으로 바뀌게 된 것이다.

제4장 내부고객 만족

고객은 회사 안팎 어디에나 있다.
어떤 상황에서든지 최선의 고객 서비스를 실현하기 위하여는 종
업원들이 자유롭게 비전을 갖도록 해야한다.

1. 개념 정리

올바른 비전의 힘

- 자신이 가진 최고의 능력을 발휘하고 싶어하는 분위기를
  조성하여 종업원의 의욕을 고취시킨다.
- 종업원의 생활에 관심과 의미를 부여한다.
- 수준을 높인다.
- 현재와 미래에 다리를 놓는다.

(1) 고객만족의 전통적 개념

고객만족 또는 서비스는 서비스 주체인 기업이나 조직을 이
용하는 고객(외부고객)을 최선의 친절봉사로 만족케 하여 매출
을 증대시키는 전략으로서 이윤 극대화라는 기업목표를 달성하
기 위한 수단에 다름 아니었다.

그러나 오늘날 고객만족은 단순히 그런 수단의 의미를 뛰어
넘어 기업존재의 최고 가치로까지 격상되었으며 이것은 실로 목
표의 전환이라고까지 말할 수 있겠지만 적어도 고객만족과 이윤
추구는 서로 우열을 가리기 힘들만큼 대등한 위치에까지 온 것

> 당신 회사가 내부적으로 훌륭한 서비스를 제공하지 못하고 있다
> 면 외부 고객에 대하여 훌륭한 서비스를 제공하는 것은 거의 불
> 가능하다. 내부 고객이 어떤 대우를 받고 있는가와 외부 고객이
> 당신회사의 서비스의 질을 어떻게 생각하는가의 사이엔 놀라운
> 비례관계가 존재한다.

이 사실이다.

(2) 얀 칼슨의 고객 개념

80년대 800만불 적자로 바닥에 추락한 스칸디나비아 항공을 7100만 불 흑자로 전환, 소생시킨 얀 칼슨(Jan Calzon)이 처음 개념화한 '진실의 순간'(Moments Of Truth)에 의해서 외부 고객을 직접 응대하는 접점의 핵심인 최 일선 종업원의 중요성이 새롭게 인식되기 시작했다.

이 말은 원래 스페인의 투우에서 유래된 것으로서 투우사가 소의 급소를 찔러야 하는, 피할 수 없는 결정적 순간을 의미한다. 고객과 서비스맨이 대면하는 바로 그 순간 모든 것이 결정된다는 말이다. 따라서 결정적 순간이라고도 한다. 이와 같은 중요성의 연장선상에서 그들이 훌륭한 고객만족을 구현할 수 있도록 하기 위하여 스스로 만족해야 한다는 논리가 대두되었는데 이것이 바로 내부 고객 만족이라는 개념이다.

얀 칼슨은 기내식을 담아내는 트레이가 청결하지 못한 것을 보고 고객의 입장에서 볼 때 이렇듯 사소한 데에서 다른 모든 서

비스 분야를 좋지 않은 것으로 미루어 짐작하게 될 것이라고 생각하여 인원과 시설, 모든 분야에 걸친 개선을 통해 서비스의 질을 향상시키는 방안을 강구했던 것이다.

2. 조직의 구조적 측면에서 본 내부 고객 만족

(1) 수평적 관계

조직 구성원 상호간의 관계에서 형성되는 만족이 중요한 것은 크건 작건 조직이 유기적 공동체의식을 가지고 목표달성을 위하여 협동하는 것이 바람직하다는 점에서 재론의 여지가 없다.

그러나 이와 같은 당위성에도 불구하고 조직 내에는 흔히 부서 이기주의나 개인주의가 내재해있게 마련이다. 이익이 따르거나 위상을 높일 수 있는 일은 내가 하고자 하고 실속 없이 복잡하거나 위험이 내포된 일은 피하려 하며 섬 지역이나 벽지에는 가지 않으려 하고 승진은 내가 먼저 하겠다는 등 어느 조직에나 존재하게 마련인 이와 같은 속성은 지연이나 학연, 혈연 등에 의하여 심한 분열 현상을 보이고 있는 우리 사회의 고질적 병폐이기도 하다.

어쨌든 이러한 부서 이기주의는 조직내 화합을 해치고 생산성을 떨어뜨리며 결과적으로 고객만족 실현에도 마이너스 효과를 가져오는 것이다. 필자는 여기서 이러한 부서 또는 개인이기주의를 치유 극복하는데 있어서 유용한 도구로서 상호주의를 제시하고자 한다.

'내가 원하는 것은 상대도 원하리'라는 생각, '상대의 존엄성을 존중해 줌으로써 자신의 존엄성을 인정 받겠'다는 생각, 직접적 이익추구 보다는 상대에게 이익을 제공하므로써 그 반대급부로 자신의 이익도 확보할 수 있다는 윈윈 전략적 사고와 같은, 상대를 인정하고 배려하는 상호주의야말로 이기주의를 극복하고 화기애애한 직장분위기를 만들어 나가는데 있어서 불가결한 덕목이라 할 것이다.

◆상호주의의 이점을 보여주는 서양의 우화 한 토막◆

어떤 철학자가 천당과 지옥의 차이점을 알아보기 위하여 여행을 떠났다.

저승 문을 지나 처음 도착한 곳은 지옥이었다. 그곳에서 그는 믿기지 않는 광경에 제 눈을 의심하리 만치 놀란다.

기화 요초가 피어있는 에덴동산과 같은 곳에 수많은 사람들이, 보기에도 맛갈스러운 음식을 산처럼 쌓아놓은 테이블 앞에 모여 있는 모습이 보였기 때문이다.

그러나 그의 놀라움과 의문은 가까이 다가가자 곧 풀리고 만다. 산해진미 앞에 모인 사람들은 저마다 제 팔 길이 보다 훨씬 긴 젓가락을 들고 있었는데 젓가락 끝으로 겨우 음식을 집을 수는 있으나 그걸 입으로 가져갈 수는 없어서 모두들 피골이 상접한 몰골로 아비규환을 연출하고 있었던 것이다.

없어서 못 먹고 굶주리는 고통이 아무리 크다하더라도 산더미 같은 맛있는 음식을 앞에 놓고 겪어야하는 배고픔에 비길 수 있을 것인가.

지옥 형벌의 혹독함에 전율을 느끼며 그는 고개 하나를 넘어 천당으로 갔다. 그런데 언덕 아래 펼쳐진 광경에 다시 한번 충격을 받는다. 언덕 너머 지옥에서 방금 보고 온 풍경이 거기 똑 같은 모습으로 펼쳐져 있었던 것이다.

조급한 마음에 달려가서 살펴보고 나서야 그는 깊은 감명으로 연신 고개를 끄덕였다. 똑같은 음식과 똑같은 긴 젓가락이었지만 천당 사람들은 젓가락 끝으로 집은 음식을 도저히 닿지 않는 자신의 입이 아니라 젓가락 길이만큼 떨어져 있는 다른 사람에게 먹여주고 있었던 것이다. 대신에 상대는 거꾸로 그의 입에 음식을 넣어 주므로써 아무도 허기에 시달리지 않고 그야말로 화기애애한 가운데 잔치를 벌이고 있는 것이었다.

그렇다. 나보다 먼저 상대방을 배려하는 이 자세가 바로 직접적으로는 도저히 이룰 수 없는 음식 섭취를 가능케 할뿐만 아니라 둘 사이를 사랑으로 묶어주는 역할까지 해주는 상호주의인 것이다.

부서나 개인이 자신의 이익만을 추구할 때 얻을 수 있는 것은 극히 제한적이거나 제로에 가까울 수 있다. 게다가 갈등과 분쟁의 격화로 인하여 전체 조직과 자기 자신을 망치는 결과를 초래하게 되는 것이다.

비현업 부서인 지원과(支援課)는 우체국내 모든 현업 부서의 업무가 순조롭게 돌아갈 수 있도록, 물류과는 우편물의 원활한 소통과 집배원들의 원활한 업무 수행을 위하여 행해지는 자기 부서의 업무가 소중하다는 사명감과 자긍심을 가지고 성실하게 일하는 자세를 가져야 한다. 그것이 곧 연관되는 부서를 돕고 나아가 조직 전체를 발전시킬 뿐만 아니라 자신에게도 보람을 안기는 일일터이다.

수천 km의 하늘을 차질 없이 날기 위하여 편대를 이루고 나이 어린 새내기들을 힘세고 경험 많은 어미 새 사이사이에 배치하여 보호하는 한편 자주 선도자를 바꿔서 엄청난 기류의 저항을 혼자서 받지 않도록 분산시키는가 하면 끊임없이 끼룩끼룩 소리를 냄으로써 서로를 격려한다는 기러기의 행태야 말로 내부 고객 만족을 구현하려는 우리가 배워야할 교훈임에 틀림없을 것이다.

(2) 수직적 관계

상사와 부하 사이의 수직적 관계는 그들이 조직에 미치는 영향의 차이 때문에 수평적 관계보다 더 중요한 의미를 가진다.

그리고 현대적 조직 구조를 나타내는 역삼각형이 의미하는 바와 같이 직접 외부 고객과의 접촉을 통하여 업무를 수행하는 하위직보다는 그들의 배후에서 관리, 감독하는 리더의 의지나 행동 양식이 이 관계에 있어서 중요한 관건이라고 할 수 있다.

오늘날 각종 기업이나 공공기관을 막론하고 고객만족에 대한 인식이 높아져서 최상의 고객만족을 이루기 위하여 부단히 노력하고 있음에도 불구하고 그것이 뜻한 바대로 잘 되지 않는 이유에 대하여는 제2장에서 지적한 바 있거니와 그 이외에 하나를 더 든다면 각급 관리자 또는 최고 경영자 상당수가 아직도 고객만족은 최일선 종업원들의 몫이며 다만 그들에게 지시하고 감독하는 것으로 자기의 책무는 다했다고 생각하는데 있다고 말할 수 있다.

이 점은 우체국도 크게 다르지 않다고 생각한다. 사실 40년간 우체국에서 근무했던 필자 자신, 고객만족을 이루기 위해 꾸준히 노력해왔다고 자부하면서도 지금 와서 돌이켜 보면 그 노력의 대부분이 관리, 감독에 다름 아닌 직원 교육에 편중되었던 것은 아니었나 생각되는 것이다. 요즘 유행하는 오승근의 〈있을

> E=MC – 열정(Enthusiasm)은 임무(Mission)와 금전(Cash)그리
> 고 격려(Congratulation)에 비례해서 증가한다.

때 잘해〉라는 가요가 유독 가슴에 와 닿는 것도 그 때문이다.

이런 전제하에서 리더의 역할에 대하여 생각해 보도록 하자.

◆IBM의 토마스 워슨 시니어의 일화◆

한 상급 관리자가 큰 실수를 저질러, 회사에 수 백만 달러의 손해를 끼쳤다. 그가 자기 책상을 정리하고 있을 때 워슨이 나타났다. 그 관리자는 민망한 얼굴로 "여기에 오신 이유를 잘 알고 있습니다. 곧 사표를 제출하고 물러날 생각입니다."라고 말했다.

그러자 워슨은 놀라울 정도로 따뜻한 말투로 "당신을 키우기 위해 300만 달러가 넘게 지출한 내가 어떻게 당신을 해고 할 수 있겠습니까?" 하고 말했다. 가점(加點) 사회의 진면목이 드러나는 장면이다.

첫째 ; 솔선수범 정신을 잊지 말아야 한다.

우수한 종업원은 리더가 어떻게 행동하는지, 무엇을 평가하는지, 어떤 행동을 칭찬하는지 세심히 관찰하고 그것에 맞는 행동을 하려고 한다.

— 베시 센더스

더 빠르고 더 생산적이며 더 경쟁적이 되는 길은 직원들이 가진 에너지와 능력, 자신감을 발산시키는 것이다. 그렇게 하려면 그들을 보호하고 그들 위에 군림하지 않으며 자율성을 부여하고 스스로 일하게 만든다.

그들의 등에서 계층을 떼어내고 그들의 발에서 관료적 걸림돌을 제거하며 그들의 앞길에서 기능적 방해물(부서 이기주의 등)을 치워 내야 한다.

전엔 우리(관리자)가 사람들에게 무엇을 할 것인지에 대하여 얘기하곤 했다. 그래서 직원들은 하라는 것만 하고 다른 것은 전혀 하지 않았다. 이제 우리는 사람들이 관리자들로부터 그런 얘기를 듣지 않을 때 얼마나 많은 것을 할 수 있는지 알고 놀란다.

— 젝 웰치 92년 보스턴 연설문 —

　관리자는 자신이 속한 조직의 최고 책임자로서의 본분이 솔선수범이라는 사실을 늘 간직해야한다. noblesse oblige의 의미에서도 그러하다. 권한과 책임은 둘이 조화를 이룰 때만 조직을 위하여 유용한 도구가 된다.

그것이 아무리 뛰어나다 할지라도 말만으로는 효과적인 리더십을 발휘할 수 없다. 가장 효과적인 것은 리더 스스로가 행동으로 보여 주는 것이다.

리더는 고객만족을 실현하는 가운데 일어날 수 있는 여러 가지 민원에 대하여 그 해결을 회피하거나 아랫사람에게 전가해서는 안된다. 일선 종사자들은 민원이 제기되었을 때 될수록 자기선에서 해결하려 하는데 그 이유의 상당 부분이 윗사람에게 알리면 심한 꾸중과 함께 책임을 추궁 당하여 안팎 곱사등이가 되리라는 두려움이 앞서기 때문이라는 것을 인식하는 것이 중요하다.

스스로 처리하려는 책임의식은 나무랄 일이 아니지만 고객이 윗사람과 대화하고 싶은 생각이 있을 때 그것을 고의로 차단하지 말아야 한다. 고객은 보다 지위가 높은 사람, 가능하면 최고책임자에게 자신의 요구사항을 말하고 싶어하고 실제로 윗사람의 말에 더 큰 신뢰를 느끼는 것이다. 많은 경우 여러 가지 구차한 이유를 들어 고객의 그러한 욕구를 차단함으로써 사태를 급속히 악화시키는 우를 범한다. 호미로 막을 수 있는 것을 가래로도 못 막는 것처럼….

따라서 평소에 의사소통의 원활한 흐름을 유지하는 한편 잘못을 저지른 부하에게는 여러 사람 앞에서 심하게 꾸짖기 보다

> 고객이든 종업원이든, 자신이 서비스하는 사람에게는 최대한 높
> 은 기대를 가져라. 또한 그들이 성장할 수 있는 기회를 제공하라.

그의 잘못을 부드럽게 지적하고 그것을 거울 삼아 더 잘할 수 있
도록 격려하는 사랑과 지혜를 베풀어야 한다.

흔히 서양 사회를 가점 사회라고 하는데 반하여 우리 사회는
감점 사회라 하는데 한 번의 실수를 용납하지 않는 이와 같은 조
직문화는 실수를 저지른 개인은 물론 조직 전체의 분위기를 악
화시키는 결과를 초래한다.

질책보다는 이해, 비난보다는 칭찬을 아끼지 않음으로써 직
장을 생동감 넘치는 화합의 장으로 만드는 것이야말로 관리자가
갖추어야 할 가장 소중한 덕목인 것이다.

이와 더불어 스스로 모범을 보이므로써 고객만족이 일선 하
위직 종사자들만의 책무가 아니라 조직 구성원 모두가 힘을 합
해 실현해야 할 최상의 조직 목표라는 인식을 공유하고 확산시
키는데 노력을 아끼지 말아야 할 것이다.

둘째 ; 공정한 인사행정 구현

직장인에게 있어서 최고의 기쁨은 아마도 승진일 것이다.

과오 없이 열심히 일하고 일정기간이 지난 후에 한 단계 더
높은 지위로 올라가서 지금까지와는 다른 차원의 권한과 책임을
가지고 일하는 것이야말로 가장 보람있는 일이 아니겠는가?

따라서 인사권자나 추천을 통해서 영향력을 행사하는 지위에
있는 사람은 누구나 공평 무사한 인사가 이루어질 수 있도록 세
심한 노력을 기울여야 한다. 우리 사회의 병폐 중의 하나인 각종
연고에 바탕을 둔 정실 인사야말로 내부고객 만족을 해치는 가
장 근본적인 장애 요인임에 틀림없다.

인사권을 행사하는데 고려해야할 것은 적재적소와 공정성의
원칙인 바 이 둘 이외의 어떤 것도 개입시키지 말아야할 것이며
발탁되어 승진한 사람보다 승진에서 탈락된 사람들의 입장에서
생각하는 배려의 마음이 필요하다고 할 것이다. 어떤 경우에도
탈락되면 섭섭하게 마련인데 그 섭섭함 속에 최소한 억울한 감
정이 깃들지 않도록 인사가 공정하고 투명해야 한다는 것이다.

전보인사도 마찬가지이다. 한 직장 안에서의 각각의 부서나
그 산하 기관들 사이에는 사람들이 선호하거나 기피하는 곳이
있게 마련이다. 소위 한직이라거나 산간 벽지 도서지방 같은 데

로 전보발령을 받은 사람들이 흡족한 마음으로 그 인사조치를 받아들이기는 쉽지 않을 것이기 때문이다. 조직도 사람 사는 세상 속의 한 단위이니까…

따라서 승진이나 징계와 같은 강제적 전보가 아닌 경우는 반드시 공정하고 투명한 룰에 의한 전보가 이루어져야 한다. 아울러 부서간 기관간의 현실적 심리적 격차를 줄이는 노력을 통하여 소위 한직개념을 해소해 나가야 한다. 획일적 공산품이 아니므로 단순한 평준화를 이룰 수는 없다하더라도 업무나 지역적 특성을 고려한 행정자원의 합리적 배분이나 도서 벽지에 대한 생활환경 개선과 같은 방법을 통하여 가능한 한 형평성을 유지하는데 힘써야 할 것이다.

셋째 ; 칭찬의 마력을 활용한다.

앞서 가점 사회와 감점 사회에 대하여 간단히 언급하였거니와 우리 사회는 칭찬에 서투르고 인색한 것이 사실이다. 서양 사람들은 가점 사회의 특성대로 실수에 대하여 훨씬 관대하고 칭찬하는데도 익숙하고 적극적이다.

칭찬은 그것을 받는 사람의 자신감과 자긍심을 높여줄 뿐만
아니라 칭찬하는 주체에게도 긍정적 효과를 가져온다.

칭찬의 마력에 대하여 알아보기로 하자.

⊙ 칭찬 받는 사람에 대한 효과
*성장의 잠재력을 키워준다. ― 칭찬을 받으면 자신이 뭔가
  할 수 있는 사람이라고 믿게 되고 그 믿음을 바탕으로 성장
  발전하게 된다.
*일 하려는 의욕을 촉발시킨다. ― 자신이 중요한 사람이라는
  느낌은 매사에 적극적으로 대처하게 한다.
*주변의 분위기를 밝게 하여 제 삼자에게도 긍정적 영향을 미
  친다.

⊙ 칭찬 주체의 자기 성장에 대한 효과
*심성을 곱게 한다. ― 심성이 곱지 않은 사람은 남을 칭찬하

지 않는다.

*남의 장점, 본받을 점을 보는 안목이 생긴다. — 남을 칭찬하려면 우선 그를 호의를 가지고 관찰하게 되고 그러므로 써 자신의 안목을 넓힌다.

*적극적인 인생관을 갖게 한다.

*도량이 넓어진다. — 남의 작은 잘못이나 결점에 천착하기보다 따뜻한 심성으로 사람을 바라봄으로써 스스로의 도량이 넓어진다.

◉ 어떤 점을 칭찬할 것인가.

갑자기 어떤 사람을 칭찬하라고 할 때 우리는 당황하기 십상이다. 칭찬에 익숙치 않은 탓도 있지만 그보다는 무엇을 칭찬할 것인가 쉽게 떠오르지 않기 때문이다.

*당연한 것을 칭찬한다. — 아첨이나 비위 맞추기가 아닌가 생각하기 쉬워 어려운 게 사실이지만 상대에 대한 배려라는 의미를 간과할 수 없다.

*작은 변화를 인정하고 칭찬한다. — 옷차림이나 화장 또는

헤어스타일의 변화를 놓치지 않는 센스가 중요하다.

*결과도 중요하지만 열심히 일한 과정이나 그 노력을 칭찬한
다. ― 겉으로 나타난 결과를 중시하는 풍조 속에선 쉽지 않
은 게 사실이지만 비록 기대한 만큼의 성과를 얻지 못했다
하더라도 거기까지 가기 위해서 쏟은 땀방울도 소중한 것임
에 틀림없는 것이다.

*칭찬의 말을 인사로 사용한다. ― 칭찬하는 습관을 기르는데
유용하다.

*이름, 출신 지역, 출신 학교를 칭찬한다.

*알아차린 모든 것을 칭찬한다.

*그의 친구나 가족을 칭찬한다. ― 특히 자녀에 대한 칭찬은
큰 반향을 일으킨다.

*용모나 신체 조건을 칭찬한다. ― 미모나 몸매(말랐을 땐 다
이어트 성공을, 살이 쪘을 땐 건강미를)를 칭찬한다.

*제 삼자를 칭찬한다. ― 상급자에게 동료나 자신의 부하직원
을 칭찬한다. 필자가 밀양 우체국장으로 있을 때의 일이다.

임관하여 함께 내려간 창녕과 의령 국장을 만난 자리에서 우리는 체신청장이나 청의 간부들에게 서로 교차 칭찬하기로 의기투합하고 각자의 인품에 대하여 그리고 방문해서 알게 된 조그만 일, — 예를 들어 청사관리나 어떤 부문의 실적 거양 또는 행사진행과 같은 — 에 대하여 기회 있을 때마다 덕담 삼아 칭찬했다.

　한편 필자 자신은 관내 국장 중 누군가가 예금 · 보험에서 두드러진 실적을 올리면 직접 칭찬해 주고 청장께 그 내용을 보고하면서 청장께서 해당 국장에게 전화나 서신을 통하여 격려해 줄 것을 부탁하는 것을 잊지 않았다.

　이런 칭찬 운동이 칭찬을 받는 사람의 사기를 올려주는 것은 물론 칭찬 해 줄 것을 부탁 받은 윗사람의 마음까지 감동시킨다는 것이 증명되었고 직장 분위기의 개선과 업무 성적 거양에 크게 기여했음도 사실이다.

◎꾸짖어도 좋은 경우와 나쁜 경우

— 꾸짖어도 좋은 경우
*앞으로 성장할 능력이나 전망이 보일 때
*회복능력이 있을 때
*내용이 화급을 요할 때
*잘못의 내용이 다른 사람에게 영향을 미칠 때

— 꾸짖지 않는 것이 좋을 때
*스스로 알아차리고 반성하고 있을 때
*받아들일 소지가 없을 때
*약점을 이용하여 꾸짖고자 할 때
*사실 확인이 어려울 때
*자신의 기분이 상해 있을 때−자기 감정이 전이되어 정확한
 지적이나 방향제시가 어렵다.
*고의나 중대 과실이 아닌 단순한 실수일 때−이때는 잘못을
 인식시키는 선에서 그쳐야 한다.

넷째 ; 문서 결재의 에티켓

관료 조직에서 상사와 부하의 의사소통은 대부분 결재를 통하여 이루어진다고 해도 과언이 아니다.

요즘은 거의 e-mail등 전자 결재를 하지만 직접 대면하여 하는 오프라인 문서 결재도 상존하고 있다. 어느 경우건 부하와 상사의 만남인데 그러기 때문에 강자 쪽인 관리자가 지켜야 할 에티켓이 있어야 한다.

◎결재시 지켜야 할 점
• 최초의 기안자를 신뢰하라 - 일단 작성된 문서를 고치기는 쉽다. 그러나 무에서 유를 창조하는 것과 같은 기안은 어려운 것이고 그런 만큼 누구나 심혈을 기울이게 된다.
• 뜻이 완전히 다르거나 문맥이 통하지 않는 경우가 아니면 기안자의 자존심을 인정하라 - 결재권자 중에는 우선 연필부터 들고 어딘지 고치지 않으면 직성이 풀리지 않는 사람이 있다. 이런 사람은 부하의 자존심을 손상시킬 뿐만 아니

라 시간과 자원을 낭비하는 우를 범한다.

- 중간 계층일 경우 수정하기 보다 여백에 자신의 의견을 첨 부하라. - 자신의 생각이나 표현능력이 절대선은 아니다.
- 잘못된 내용이 있을 때 부드럽게 시정을 유도하라. - 부하 의 자긍심을 살리면서 개선해나가는 가장 좋은 방법이다.
- 권한의 위임 - 모든 권한과 책임을 결재권자 혼자서 가지 는 것은 관료주의의 병폐 중에서도 가장 고질적인 것이다. 특히 원활한 고객만족을 이루기 위하여는 일선 직원들이 자 율적으로 결정, 시행할 수 있는 분위기가 필요하다.

◎결재에서 범하기 쉬운 잘못

- 자기 과신 - 자기만이 만능이라 생각하여 결재시 매너리 즘적으로 수정을 가한다.
- 불안심리 - 기우. 부하 직원을 불신하고 처음부터(기안 단 계부터) 직접 관여 하려한다. 그리하여 부하의 일하고자 하 는 의욕을 꺾고 사기를 저하시킨다.
- 권위주의 지키기 - 결재권자보다 결재를 받으려는 사람이

일을 더 많이 한다. 따라서 가능한 한 그의 일을 덜어주는 데 신경 써야한다. 거대 조직일 경우 결재권자와 결재 받을 사람 사이에는 물리적으로 상당한 거리가 있게 마련인데 그 경우 결재를 받기 위하여 많은 시간이 소요되고 본래의 업무에 지장을 초래하게 된다. 결재권자가 직접 현장에 가서 결재하는 것은 이런 문제를 해소하는 것 이외에 최일선의 분위기를 확인하는, 그리고 그들을 격려하는 효과까지 얻을 수 있다.

필자는 서기보 시절이었던 1963년 목포우체국의 특수계에서 근무했었는데 당시 그곳은 세 사람 3교대 형태의 복무 체계로서 인원이 원초적으로 부족한데다가 제주 우편물과 신안군의 도서 지방을 비롯해서 각 철도 연선국, 그리고 전국의 주요 직체결 국까지 적행낭 체결 수가 100개를 상회하는데다가 집배도 일 2회 입 출국을 시행했기 때문에 그야말로 눈코 뜰 새 없이 바쁜 일정을 보내야 했다. 그런데 아침이면 서울방면 기차운송 우편물 연결 때문에 한참 자리에 앉을 엄두도 못낼 만큼 바쁜 사람이 3층에 있는 국장실까지 특수우편물 일계부 결재를 위하여 올라가야 하는 것이다. 여기서 나는 특수우편물 일계부를 꼭 국장 결재까지 받을 필요는 없다는 것과 꼭 그래야 한다면 비교적 한가한 계장이 그 일을 대신 하던지 아니면 결재권자인 국장이 직접 현장에 내려와서 결재하는 것이 합리적이라는 건의를 하여 결국 현장도 둘러볼 겸 국장이 직접 특수계에 와서 결재하는 것으로 체제를 바꾼 경험이 있다.

◎스스로 동기부여를 할 수 있는 종업원이 상사에게 바라는 것
• 일할 수 있는 환경을 제대로 만들어 줄 것.
• 불필요하거나 무의미한 장애요인을 없애줄 것.
• 성과를 인정해 줄 것.
• 승진에 공정성을 잃지 않을 것.

넷째 ; 부하의 입장에서 본 수직적 관계

수직적 관계에서 상대적으로 큰 영향을 미치는 쪽은 아무래

도 상사일 것이다. 계층구조인 대규모 조직일수록 그런 특색이 두드러지고 전통적 조직일수록 강한 것도 사실이다.

이렇게 볼 때 거대 조직이며 100년 이상의 역사를 지닌 우체국은 상사의 영향력이 큰 대표적인 예라 할 수 있다.

그러나 내부고객 만족의 주된 대상은 일선요원인 부하이므로 그들의 입장에서 조명해보는 것은 의미있는 일이 아닐 수 없다. 행정학에서 배운 바 리더십의 세 가지 유형에 따라 그 대처 방법을 알아보자.

*권위형 리더십-자신의 권한이나 지위를 십분 이용하여 지시, 감독 일변도로조직을 이끌어 가는 유형; 원칙적으로 상사의 권위를 인정하고 따르되 그 지시나 명령이 위법·부당할 때는 진지하고 유연한 방법으로 개선을 건의한다.

*민주적 리더십-목표설정이나 여타의 의사 결정에 참여를 유도하고 성과를 공유하는 리더십; 자신이 조직의 생존·발전에 공헌하는 책임있는 일원이라는 인식하에 거기 상응하는 역할을 다한다.

*자유 방임형 리더십-모든 것을 참모나 부하 직원에게 일임

하고 한 발짝 물러나서 관조하는 유형: 부드럽고 편안한 듯 하지만 리더로서의 책임감이 결여되어 있다. 이런 상사의 부하야말로 가장 현명해야 한다. 각자가 자기 위치에서 판단하고 행동하는 이중적 지위에 있게 되기 때문이다.

상사의 리더십 유형에 따른 부하의 대응을 원론적인 측면에서 알아보았다. 여기서 한 상사의 지시에 대한 각기 다른 세 부하의 대응 사례를 통하여 바람직한 대처방식을 알아보자.

이 일화는 지난 80년대 후반 우리 경제가 한창 고도 성장의 가도를 달리고 있을 때 국내 최고수준의 모 기업 CEO와 그 핵심 참모들 사이에 실제로 있었던 일종의 해프닝성 대화 내용이다.

CEO. L씨는 사장단 몇 사람과 점심식사를 하게 되었다. 맛있게 식사를 마친 그는 이쑤시개 쓰기 작업을 시작했는데 이게 자꾸 끝이 무뎌지거나 부러지는 게 아닌가?

짜증이 난 그는 "아니 이게 왜 이렇게 약해 빠진거야, 어느 기업 제품이야 도대체! 이거 우리가 만들도록 해봐." 하면서 주위를 둘러보는 것이었다.

반 농담조의 그의 말투에서는 우린 무엇이든지 만들 수 있다
는 대기업 오너로서의 자만심과 함께 문어발식 기업 확장이라는
몸에 벤 욕심이 묻어 났다.

즉각적으로 튀어나온 사장 A의 대답.

"네, 알겠습니다. 회장님, 곧 바로 사업계획서를 만들어 결제
올리겠습니다."

사장A와 거의 동시에 그보다 더 큰 소리로 사장B가 대답했
다. 대답이라기보다는 항의에 가까웠다.

"회장님, 무슨 말씀입니까? 어떻게(대기업인) 우리가 이 따위
이쑤시개를 만든단 말입니까. 기업 이미지가 있지, 가뜩이나 요
즘 대기업에 대한 국민여론이 안 좋은 판에, 그 말씀은 철회하십
시오!"

마지막으로 사장C,

"회장님 우리가 만들면 최고의 품질이 될 것이라는 말씀은 틀
림없습니다. 하지만 우리에게는 우리에게 걸맞는 사업영역이 있
다고 생각합니다. 이쑤시개 같은 것은 중소기업에 맞겨야겠지

요. 회장님이 농담하신 걸로 알겠습니다. 하하"

사장C의 대답이 모범답안 임은 두말 할 필요가 없다.

사장A는 맹종형으로서 바람직스럽지 못하고 사장B의 대답은 비록 틀린 것은 아니라 하더라도 그 의사 개진 방법이 온당치 못하다. 강한 것은 부러지기 쉽다고 하지 않는가? 요컨데 합리적이면서 온건한 자기표현을 통하여 상사의 그릇된 생각을 바로잡는 것, 이것이 바람직한 부하의 보좌방법인 것이다.

> 비록 당신이 어떤 일을 할 것인가에 대하여는 선택의 여지가 없
> 다 하더라도 어떤 방법으로 그 일을 할 것인가에 대하여는 항상
> 선택할 수 있다.　　　　　　　　　— 펄떡이는 물고기 처럼에서

3. 개인의 입장에서 본 내부고객 만족

직장은 깨어있는 시간의 거의 대부분을 보내는 삶의 터전이
다. 그러므로 직장생활이 행복하냐 아니냐에 따라 그 사람의 인
생의 행, 불행이 판가름 난다고 해도 틀린 말이 아닐 것이다.

앞서 살펴본 수평 내지는 수직적 관계의 정립을 통해서 내부
고객 만족의 환경조성은 어느 정도 이루어진다고 말할 수 있다.
그러나 조직 구성원 각자가 실질적으로 만족을 느끼는 핵심적
요소는 스스로 어떤 마음의 자세로 일에 임하느냐 하는 문제일
것이다.

똑같은 일을 하더라도 그 일에 가치를 부여하고 사명감을 느
끼며 즐거운 마음으로 하는 것과 그저 직장에서 배제되지 않기
위하여 싫지만 어쩔 수 없이, 타성에 젖어 일하는 것은 그 결과
얻어지는 성과나 만족감에 있어서 비교할 수 없는 차이가 있을
것이기 때문이다.

이런 관점에서 어떻게 하면 자신의 일에 긍지와 보람을 갖고
즐거움을 느낄 수 있는지 알아보기로 하자.

(1) 나의 하루를 선택한다.

비단 우체국뿐만 아니라 대부분의 다른 직장인들은 자신이 별 의미도 없는 단순한 일을 반복적으로 하고 있다고 생각하고 그 때문에 쉬 싫증을 느낀다.

물류과의 직원들은 환경이 썩 좋다고 할 수 없는 일터에서 계속해서 우편물 구분, 체결, 발송이라는 단순 작업을 한다. 우편이나 금융부문의 창구요원도 마찬가지이다. 집배원은 어떤가? 아침 일찍 출근하여 도순 구분을 하고 출국하면 정해진 순로에 따라 배달하는 일을 반복 수행하는 것이다.

그러나 여기서 간과하지 말아야할 것은 직업 중에서 완전히 반복적이지 않는 일은 존재하지 않는다는 사실이다. 교수의 강의, 의사의 환자 진료, 성직자의 설교나 기도, 상인의 거래행위, 여객기의 조종사나 기타 승무원, 남이 써준 대본을 읽는 아나운서… 이 밖의 어떤 직업도 다 마찬가지이다. 다만 어떤 마음과 방법으로 그 일을 할 것인가만이 차이가 있을 뿐이고 그것은 본인의 선택의 문제인 것이다.

즐거운 마음으로 하루를 보내야겠다는 선택이야말로 직장생활을 성공적으로 할 수 있는 유일한 비결이다.

여기서 비린내 나고 지저분하기 쉬운 생선 도매업을 생동감 넘치는 즐거운 직장으로 만들어 행복한 가운데 놀라운 매출신장을 이루어 전 세계에 큰 반향을 일으키고 〈Fish철학 - 펄떡이는 물고기처럼〉이라는 베스트셀러를 탄생시킨 미국 서부 시애틀의 Pike Place 어시장의 모습을 잠시 들여다보기로 하자.

이 어시장에서는 참치나 연어, 가오리, 상어와 같이 비교적 대형 생선들을 미국 전역과 세계 여러 나라로 배송하고 또 그곳을 찾는 소·도매상이나 소비자에게 직접 판매도 하는데 비가 잦은 일기에다가 생선 비린내에 크고 무거운 생선을 종일토록 하역하고 분류·발송하는 일이 지극히 어려운 일임에도 불구하고 전 직원들이 즐겁고 활기 넘치는 모습으로 일하고 있다.

40~50kg이나 되는 생선을 5~7m 거리에 있는 상자로 던지면서 "자, 여기 연어 한 마리가 보스턴으로 날아갑니다!" "에헴, 물렀거라 여기 가다랭이 대감께서 한국의 서울로 납신다!" 등으로 소리치면 그것을 받는 쪽에서 복창하여 마치 메아리가 울리

는 것과 같은 효과를 자아내는 것이다.

. 그런데 더욱 재미나는 것은 마치 놀이와도 같은 일처리 과정에 생선을 사러온 손님—고객이 동참 할 수 있도록 배려하여 함께 즐기므로써 고객과의 유대를 강화하는 효과까지 얻고 있는 것이다. 그런 가운데 종업원 모두가 제자리에서 성실히 맡은 바 업무를 수행하고 고객의 요구사항이나 불편사항에 대하여 즉각적이고도 실효성 있게 대처하는 것을 보람으로 생각하므로써 따분하고 지루할 수 있는 직장생활을 즐겁고 보람있는 것으로 승화시키고 있는 것이다.

그들은 이와 같은 현상을 a. 나의 하루를 선택하기—일을 어떻게 할 것인가는 자신의 선택사항이다. b. 놀이 찾기—반복적이고 힘드는 일을 즐거운 놀이처럼 한다. c. 그들의 날 만들어 주기—일에 고객을 참여시키는 과정을 이용하여 특별한 일이 있는 고객에게 이벤트를 만들어 준다. d. 그 자리에 있기—성심껏 일에 몰두한다. 서로(내부고객 상호간)를 위해 그리고 고객들을 위해 자신의 자리에서 최선을 다한다. 라고 체계화하였다.

(2) 일에 대한 자긍심 갖기

자신의 일이 지루하고 반복적이라고 생각하는 사람들에게 그 따분함을 극복하기 위하여 기쁜 마음으로 일에 임할 것을 주문하였지만 그렇게 하는 것이 말처럼 쉬운 것은 물론 아니다.

직업에 귀천이 없다고 말은 하지만 그 성질에 따라서 또는 보수의 많고 적음에 따라서 사회적 평가라는 것이 있게 마련이고 사회적 평가인 만큼 남들뿐만 아니라 자기 스스로도 자신의 직업에 대하여 요모조모 평가하게 되어 있다.

이렇게 볼 때 비교적 낮은 평가를 받는 직업에 종사하고 있는 사람이 자신의 일에 대하여 긍지나 자부심을 가지기는 현실적으로 쉽지 않을 것이다. 직업전선에는 3D기피현상(Three D - Difficult, Dangerous, Dirty ; 어렵고 위험하고 더러운 종류의 일을 기피하는 현상)이 엄존하는 것을 우리는 알고 있다. 요즘은 거꾸로 상류층 사람들의 무절제한 생활상을 꼬집는 의미로 Delux, Dry, Double이라 하여 사치스럽고 각박·냉정하고 이중 인격적이라는 신조어도 생겨난 형편이지만…

80년대 말에서 90년대 초에 생겨난 이 3D기피 현상은 경기가 좋고 나쁜 것에 반비례하게 되어 있어서 IMF관리체제하에서 잠시 수그러지는 듯 했을 뿐 현재는 경제가 어려운데도 여전하여 고질화한 것이 아닌가 생각되고 있다. 이런 점에서 3D업종을 마다하지 않고 열심히 일하여 우리 산업의 저변을 떠받치고 있는 외국인 노동자들에게 감사해야겠다.

그건 그렇고, 3D업종이라 하더라도 그 일이 지닌 사회 경제적 의미는 결코 적지 않다.

오물을 수거하는 일, 거리 청소, 화장터에서 시신을 태우는 일, 광부, 피혁손질 같은 일들을 아무도 하지 않는다면 어떻게 될 것인가?

모든 직업에는 그 나름의 가치가 있고 그래서 소중하다. 더구나 자신이 자유의사에 따라 선택한 직업에 대하여 스스로 가치를 부여하는 것이야말로 그 일의 완성도를 높이고 만족을 느끼는 전제조건인 것이다.

매일같이 우편물을 구분하는 단순한 일이 따분하고 하찮게 느껴질지라도 그 과정이 빠지면 우편물의 흐름이 막힐 것이고 마찬가지로 집배 업무가 있으므로써 사람들은 원격지간에 필요한 의사소통을 할 수 있는 것이다. 따라서 자신의 일에 대하여 자긍심을 갖는 것은 그 자체가 조직이나 사회에 대한 봉사에 다름 아니다.

◆같은 일을 하면서 전혀 다른 생각을 하는 사람들을 보여주는 일화 한 토막◆

교회 신축 공사장에서 허연 돌가루를 뒤집어쓴 채 상처 투성이의 손에 망치를 들고 돌을 깎고 있는 인부에게 한 신부가 물었다. "지금 여기서 무슨 일을 하고 계십니까?" "아니 보면서 묻는 겁니까, 돌 깎고 있지 않습니까. 목구멍이 포도청이니 할 수 없이 이 짓을 하고 있지만 어디 이게 사람이 할 짓입니까?" 인부의 얼굴엔 짜증이 묻어 났고 말투는 마치 시비를 거는 것처럼 퉁명스러웠다.

신부는 미안하다는 인사를 남기고 몇 미터 더 나아가서 다른 인부에게 같은 질문을 던졌다. "네, 보시다시피 성당을 지을 돌을 깎고 있습니다. 힘은 들지만 이 일이 우리 가족의 생계를 지탱해 주니까요."

부드러운 대답을 들은 신부는 마음이 한결 가벼워져서 내친 김에 또 다른 인부에게 물었다.

"아, 신부님 저는 교회를 짓고 있습니다. 제가 지은 이 교회에서 많은 형제 자매님들이 하나님을 섬기고 그의 품에 안겨 행복하게 살았으면 좋겠습니다. 제가 건강하게 이 일을 할 수 있도록 기도해 주십시오."

그렇게 말하는 인부의 표정은 온화했고 말씨는 부드럽고도 기쁨에 차있었다.

이들 인부 중 누가 가장 행복할 것인가는 물어볼 필요도 없을 것이다.

일의 성과 즉 생산성 또한 마찬가지이다.

필자는 학창시절 기숙사 생활을 했는데 그곳 식당에는 아주머니들이 10여분 있었다. 우리는 그들을 식모라고 불렀고 그 호칭은 당시 자타가 공인하는 가장 낮은 직업군 중의 하나였음은 두 말 할 것도 없다. 그런데 그 열 사람 중 유독 얼굴이 아름다워 '이쁜이 아줌마'라는 별칭을 가졌던 30대 중반의 한 아주머니는 항상 밝은 미소와 상냥한 말씨로 한창 성에 눈뜨기 시작하는 십대 후반의 학생들 사이에서 단연 인기 최고였다.

나 또한 그녀가 좋았음은 물론, 밤늦게 식당에 가면 가마솥에서 긁은 누룽지를 얻어 먹는 재미도 쏠쏠해서 외출에서 돌아올 때면 자주 식당에 들르곤 했는데 하루종일 격무에 시달렸을 텐데도 그녀의 얼굴에는 늘 잔잔하면서도 해맑은 미소가 어려 있어서 보는 사람까지 기분 좋게 만드는 것이었다.

　신기한 생각이 들어 내가 물었다. "아니 똑같은 일을 새벽부터 밤늦도록 하시노라면 피곤하고 짜증도 날텐데 어떻게 그런 행복한 미소를 지을 수 있습니까?" "아. 네 힘들기야 하죠. 그렇지만 200명이나 되는 젊은 학생들의 건강을 뒷바라지 할 수 있다는 게 얼마나 보람있는 일이예요? 게다가 여기서 받는 월급으로 노모를 봉양하고 또 학생같은 또래의 동생을 공부시키는데요." 예의 그 미소 띤 얼굴로 나를 지긋이 바라보는 그녀의 얼굴에는 보람과 행복이 넘쳐나 보였다. 그렇다. 어떤 일을 하든지 그 일에 의미를 부여하고 최선을 다하는 것이야말로 일의 능률을 올릴 뿐만 아니라 스스로를 행복하게 하고 나아가서는 주변의 사람들까지 즐겁게 하는, 그야말로 일석삼조의 효과를 가져오는 것이다.

직업에 대한 자긍심이 결여된 상태에서는 사회적 평가가 비교적 높다고 생각되는 일에 종사하는 사람들도 자신의 일에 싫증을 낸다.

서비스 매니저로 유명한 스테판 C 런딘의 말을 들어보자

> "일 때문에 세계를 두루 돌아다니는 사람들은 남에겐 화려하게 보이지만 대부분 자기 일에 싫증을 낸다. 아나운서(앵커)도 마찬가지다. 남이 만들어 준 원고를 읽기만 하는 따분하기 그지없는 직업이라는 것이다. 요컨대 어떤 일도 〈직업〉이라는 특정 조건−그 일을 꼭 해야만 하고(선택이 아니라 의무적으로) 또 계속적으로 해야하는−하에서는 곧 흥미를 잃어버린다."

한국의 자기계발 부문 권위자인 김양호 교수는 이렇게 말한다.

> "사는 보람은 자기실현에서 생긴다. 자기실현이란 자기의 능력 자기의 가능성을 일 속에서 실현해 가는 것을 뜻한다. 완성된 일 속에서 자기를 찾고 거기서 자기의 존재의의를 느끼는 것, 이것이 곧 사는 보람이다."

이렇게 볼 때 일의 종류나 그 수행방법의 쉽고 어려움은 중요하지 않다는 결론에 도달하게 된다. 중요한 것은 일하는 사람의 마음의 자세, 일에 대하여 부여하는 가치관인 것이다.

(3) 업무관련 지식의 완벽한 이해와 숙련

업무 관련 지식을 잘 아는 것은 직접 고객서비스에 임하는 일선 직원뿐만 아니라 모든 부서의 사람들에게 필수적인 일이다.

자신감을 가지고 일에 임하느냐 그렇지 못하느냐는 직무 만족도에 극명한 차이가 나고 신속·정확한 서비스의 제공에도 큰 영향을 미친다.

업무 흐름에 대한 정확한 파악, 각종 법규나 절차에 대한 숙지, 날로 새로워지고 복잡해지는 전산 장비를 비롯한 각종 도구의 사용법을 익히는 것이야말로 일을 통한 자아실현에 결정적 의미를 가지는 것이다.

(4) 즐거운 직장생활을 위한 몇 가지 제안

앞서 소개한 파이크 프레이스 어시장의 모습을 떠올리면 즐

거운 직장 생활이 어떤 것인지 대충 그 이미지가 연상되리라 생
각되거니와 여기서는 또 다른 측면에서 얻어질 수 있는 직장생
활의 즐거움을 알아보기로 한다.

*직장을 극장으로 일을 작품으로 CEO를 영화감독으로 자신
을 배우로 생각한다. ─각자의 위치에서 좋은 작품을 쓰고 감
독하며 연기하여 최고의 영화를 만든다면 관객인 고객은 즐
거워 할 것이고 영화는 히트 치게 되고 거기 참여한 사람들
은 보람과 즐거움을 느낄 것이다.

*환경을 자기 것으로 만든다. ─대부분의 사람들이 벽지나 섬
지방으로 전보되면 난감해하고 불만을 터뜨린다. 그렇지만
한 발짝 물러나서 생각해 보면 자신의 마음을 바꿀 수 있을
것이다. 우리가 평소 여행을 갈 때 어디로 가는가? 대개가
산이나 바다로 간다. 그곳이 바로 벽지이고 섬이 아닌가? 일
부러 돈 들여 가며 여행을 가지 않아도 아름다운 경치나 훈
훈한 인정을 그것도 매일같이 즐기며 살 수 있는 곳으로 간
다고 생각해 보라, 그곳에 가서 심신을 정갈하게 다듬고 자
연을 벗삼아 여가를 즐긴다면 각박한 도시에서는 얻을 수 없

는 여유를 느낄 수 있을 것이다. 무엇보다 인사권자도 순환 보직 등의 룰을 만들어 전보할 것이고 기껏해야 2년 정도 근무하면 다시 여건이 나은 곳으로 옮겨오게 될게 아닌가.

필자는 지난 73년, 우정연구소 국제분소에 영어부문 인원 보충의 일환으로 전보되었는데 인사담당의 착오에 의하여 일본 관련 부서에 배치되었다. 처음 무척 당황스럽고 화가 났다.

그래서 적재적소가 인사의 대 원칙이라는 점을 들어 항의했다. 집에 와서 곰곰히 되짚어 보니 내가 한 말이 틀린것은 아니었지만 착오로 생긴 일을 가지고 상사에게 부하직원으로서 너무 심했다는 생각이 들었고 그래서 마음을 바꿔 발령을 받아들이고 이것이 바로 일본어를 배울 수 있는 기회에 다름 아니라고 생각하고 열심히 공부했다.

그 결과 나는 6개월 안에 일본어를 익혀 당시 종전 사실을 모르고 산 속에 숨어 지내다가 원주민 사냥꾼에게 발각돼 세상에 나온 일본군 오장 요코이 쇼이치의 수기 『내일에의 길』을 번역하였으며 10여 년 후인 1985년엔 정부 부처 중견 공무원 일본

연수단에 우수한 성적으로 합격하여 한 달간 일본을 배울 수 있는 기회를 얻을 수 있었다.

요컨대 어떤 환경에 처하더라도 그걸 자신에게 유리한 것으로 만드는 지혜만 있다면 아무런 어려움 없이 즐겁게 직장 생활을 할 수 있는 것이다.

*시간의 활용 - 도시에서의 직장 생활은 도시의 매머드화와 거기 따른 교통이나 주거 문제로 인해 출퇴근에 많은 시간이 소요되고 그것이 스트레스가 되어 일에도 지장을 초래하게 마련이다. 이럴 때 대중교통을 이용하는 동안 책을 읽는 것이 좋다. 업무에 관련된 책이나 일반 소양을 쌓는데 필요한 가벼운 읽을 거리를 휴대하여 읽다보면 전혀 지루하지 않고 자아확충에도 도움이 된다.

필자가 40년 직장생활을 하면서 변함없이 지켜온 수칙 하나가 있다. 바로 〈5+5 작전〉이다. 아침 잠에서 깨었을 때 5분, 그리고 밤에 자기 전 5분을 이용하여 오늘 해야할 일을 점검, 계획하고 오늘 하루 있었던 일 그리고 한 일을 돌이켜 보는 것이다.

밀양중학교 편지쓰기 강연

이렇게 하여 자신의 의지대로 일하고 또 반성하므로 써 일의 질
이 향상되고 자신도 발전하는 것이다.

　*일에 임하는 자세에 대하여 좋은 사례가 있어 소개하고자 한
　다.

　참고로 이것은 필자가 목포우체국장으로 있을 때 그곳 시청
사람들이 사무실 벽면에 게시하고 스스로 마음의 자세를 바로잡
는 표어이다.

　일에 임하는 자세—하나, 내가 아니면 누가 하랴.
　　　　　　　　　둘, 지금하지 않으면 언제 하랴.
　　　　　　　　　셋, 여기서 하지 않으면 어디서 하랴.

　이 문구에서 느낄 수 있는 이미지는 바로 협동과 솔선수범 그

리고 주인의식이라고 할 수 있다.

필자는 우체국장으로 재직할 당시 편지쓰기 운동을 벌였는데 특히 가정의 달인 5월이 되면 각급 학교에 직접 나가 편지에 대한 유용성과 편지쓰기의 실제에 대하여 강의하고 작품을 공모하여 시상하는 일을 연례적으로, 그리고 임지를 달리할 때마다 실시했었다. 수 백 통에서 수 천 통의 편지를 며칠 밤을 새워 심사하면서 청소년들이 적어도 편지를 쓰는 그 순간에 예외 없이 효자가 되고 모범학생이 된다는 사실을 실감하는 한편 그들 청소년들의 마음에서 일어나는 풋풋하고 순수한 감정의 움직임들을 거울 속처럼 들여다 볼 수 있는 우체국장이라는 직업이야말로 세상에서 가장 흥미롭고 보람있는 게 아니냐 라는 생각을 했었다.

다른 누가 통신 비밀 침해라는 법적 장애를 넘어 다른 사람의 편지를 그것도 공식적으로 읽을 수 있겠는가? 아마도 그런 매력이 나로 하여금 40년이라는 긴 세월 동안 늘 한결같은 마음으로 그리고 기쁜 마음으로 근무할 수 있게 하지 않았나 여겨진다.

(5) 떠날때를 준비하는 마음으로

큰 조직으로 이루어진 직장 생활을 하다 보면 정년을 맞거나 사정에 따라 그 직장을 완전히 떠나는 경우 이외에도 부서간의 이동이나 내부 기관간 전보에 의하여 정들었던 사람들과 작별하는 일을 경험하게 된다.

자의건 타의건 간에 이러한 이별에 직면했을 때 어떠한 마음가짐으로 임하느냐 하는 것은 본인 자신은 물론 조직에 있어서도 매우 중요하고 의미있는 일이다.

나를 떠나 보내는 사람들이 어떤 느낌을 가지는가?

'저 친구 함께 하기 힘들었는데 떠나게 되어 아주 시원하다.' 라는 느낌을 가질 수도 있고 '아, 참 좋은 동료였는데, 좀 더 함께 일하고 싶었는데 너무 일찍 헤어지게 되어 섭섭하다.' 라고 생각할 수도 있다.

어느 쪽이기를 원하는가? 물어볼 필요도 없이 누구나 후자이기를 바랄 것이다. 적어도 자신을 보내는 사람들이 마치 큰 장애물이나 기피인물로부터 벗어난 듯한 홀가분한 느낌을 받게하고 싶진 않을 것이기 때문이다.

스스로 아쉬움을 남겨둔 채 동료들의 따뜻하면서도 애틋한 배웅을 받으며 떠날 수 있는 것, 누구나가 바라는 이런 이별을 그러나 누구나 할 수 없다는데 아이러니가 있다.

자 어떻게 할 것인가?

첫째, 새로 부임한 부서에서 일을 시작할 때부터 이별을 연습한다.

한 부서나 한 기관에서 근무할 수 있는 기간은 기껏 2~3년이다. 따라서 그곳이 어디이든 최선을 다해서 일하겠다는 다짐을 굳게 하는 것이다.

둘째, 부임한 부서나 기관이 다른 사람들이 꺼리는, 소위 한직이거나 도서벽지일 경우 그곳에서 근무하는 동안, 그 부서나 기관의 근무 여건, 평판을 개선하는 일에 정열을 쏟는다.

훗날 아무개가 어느 시기에 근무하면서 의미있는 발자취를 남겼다는 말을 들을 수 있다면 얼마나 멋진 일인가. 아무리 한직이라도 또 도서 벽지라도 발상을 바꾸면 얼마든지 그곳만의 메리트가 있게 마련이다.

셋째, 상호주의에 입각하여 부서 이기주의를 배격하는데 힘

쓴다.

　내가 싫어하는 일은 다른 사람도 싫어하고, 내가 원하고 욕심 내는 일은 마찬가지로 다른 사람도 원하게 마련이며, 이런 원리를 마음속에 간직하고 거꾸로 생각하고 일하는 지혜가 필요하다. 어려워하고 꺼리는 일은 내가 한다는 마음가짐이 그것이다.

　필자는 40년 근속기간 동안 20번에 걸쳐 전보를 경험했다. 그 중 극히 일 부분을 제외하면 대부분 규정이나 타의에 의하여 자리를 바꿨다. 그 때마다 마음 편하게 전보를 받아들일 수 있었던 것은 바로 이 전보를 〈전화위복〉으로 승화시키겠다는 마음으로 임했기 때문이었고, 떠날 때 가벼운 마음으로 떠나면서 나를 보낸 사람들이 뒤에 나를 그리워하도록 만들겠다는 각오로 일했기 때문이었다고 말할 수 있다.

제5장 친절 봉사의 실천

◎고객만족을 이루기 위하여 필요한 습관

- 비전을 내걸고 그것을 매일 실천한다.
- 항상 가르치고 항상 배운다.
- 자기 자신과 다른 사람에 대하여 항상 높은 기대를 갖는다.
- 이루고 싶은 기준을 설정하고 그 기준의 달성을 위해 노력 한다.
- 몸과 마음을 모두 서비스에 바친다는 의식을 갖는다.

앞 장들에서 친절봉사의 의미와 실천의 전제조건으로서의 정 신 자세를 알아보고 내부고객 만족의 중요성과 그 실현 방안에 대하여 알아보았다.

이로써 컴퓨터에 빗대어 말하자면 소프트웨어 측면은 어느 정도 살펴보았다고 할 수 있겠다.

따라서 본 장에서는 고객과 직접 응대하여 고객 만족 또는 친 절 봉사를 구현해 나가는 구체적 행동 양식, 즉 하드웨어에 대하 여 살펴보기로 한다.

1. 최상의 응대를 위한 준비

(1) 고객의 말 경청하기

대화하는데 있어서 경청은 기본적이면서도 중요한 요소이다.
경청하므로써

첫째; 고객의 요구사항이 무엇인지 정확하게 파악할 수 있고
둘째; 고객에게 자신의 말에 성의 있게 응대하고 있다는 느낌
　　　을 받게 하여 신뢰감을 줄 수 있으며
셋째; 오해나 실수를 미연에 방지할 수 있으며
넷째; 친절봉사를 향상시킬 수 있는 실마리를 발견할 수 있고
　　　마지막으로 친밀감을 바탕으로 고객과의 유대를 강화할
　　　수 있다.

사람들은 1분에 125~150단어를 말할 수 있는데 듣는 것은
분당 450단어까지 소화할 수 있다고 한다. 따라서 듣는 가운데
말의 요점을 파악하고 효과적인 답변을 구상할 여유가 있는 것
이다. 그러나 대답할 말에 너무 집중하다 보면 상대의 말의 진의

를 놓칠 수 있으므로 주의해야 한다.

◆ 경청이 얼마나 큰 힘을 발휘하는가를 보여주는 일화 한토막 ◆

사무용 가구를 파는 세일즈맨 A는 모 대 기업 대표이사와 사전에 약속하여 어렵게 만날 수 있었다. 그에게 주어진 시간은 단 10분!

회장실에 들어온 그는 정중하게 인사한 다음 사무실을 한 바퀴 빙 둘러보았다. 호화스럽지 않으면서도 품위 있는 인테리어가 인상적이었다. 그러나 그것보다 더 눈을 끈 것은 데스크에 세워놓은 단란한 가족사진과 갖가지 상패였다. 그것들은 회장의 자상한 인품과 성공을 광고하고 있는 것처럼 보였다.

자리에 안내 받자 그는 부러움과 존경심이 넘치는 표정으로 "회장님, 참 훌륭하십니다. 회장님의 성공담을 들려주실 수 있겠습니까? 제게는 더 없는 영광이 될 것입니다."라고 말했다.

결국 회장은 자신의 지나온 길에 대하여 얘기하기 시작했고 처음엔 약간 겸연쩍어하기도 했지만 차차 스스로의 얘기에 빠져들어가 점심시간을 포함 장장 세 시간에 걸쳐 한편의 자서전을 쓴 것이다. 세일즈맨은 가구 판매에 대한 얘기는 한 마디도 하지 않고 오직 회장의 말을 경청했음은 물론이다. 그리고 다음날 가구 350조를 납품해 달라는 오더가 떨어졌다는 것이다.

a 정확하게 듣기 위한 주의사항.

• 말이 복잡한 정보를 담고 있어 잘못 이해할 우려가 있을 때는 자신이 파악한 요점을 들어 질문해 봄으로써 즉석에서 재확인한다.

• 메모하는 습관을 기른다. – 특히 고객의 신상에 관한 정보 (회사명, 성명, 전화번호, e-mail 주소 등) 는 기록을 남겨서 경청하고 있다는 느낌을 받는 외에 나중에 자료로 쓸 수 있도록 한다.

• 맞장구를 쳐라 – 동의할 때는 적극적으로 표현하여 상대의 자긍심을 고취시키고 친밀감을 유발한다.

• 말할 기회가 주어지면 상대방의 말을 반복하라. 경청했고 이해했으며 문제해결이 준비 됐음을 보여준다.

b. 경청 – 대화에 방해가 되는 요소.

- 소음– 평상의 목소리로 편안한 자세에서 대화가 이루어질 수 있도록 장소와 주변 상황에 주의를 기울인다.
- 방해– 대화 도중 다른 전화를, 그것도 업무와는 상관없는 사적인 전화를 오래 받는다거나 다른 사람에게 말을 거는 행위는 고객에게 "당신은 내게 중요한 사람이 아닙니다."라고 말하는 것과 같다.
- 딴 생각– 내적 요인에 의한 방해 – 대화 도중 다른 일에 정신을 팔고 있으면 제대로 대화가 이루어질 수 없으며 그것은 쉽게 표정에 나타나 고객으로 하여금 불쾌감을 자아내게 한다.
- 예단(豫斷)– 고객의 요구사항이나 대화 내용을 미리 가정하고 대화에 임하는 것은 진정한 고객의 의도를 오해하는 요인이 되고 결국은 제대로 된 문제해결에 이를 수 없다.
- 태도– 대화는 말로 하는 것이지만 그 이외에도 표정, 제스처, 미소와 같은 몸짓 언어가 큰 비중을 차지하는 것도 사실이다. 상대가 듣기 거북한 말을 화가 나서 쏘아붙이는 경우라도 지금은 그와 대거리하는 시간이 아니라 고객의 불만

사항을 듣는 시간이라는 마음가짐으로 정중한 태도를 취해야 한다.

(2) 재치있는 질문
a. 신상에 관하여 질문할 때
사람들은 자신의 신상에 대하여 낱낱이 밝히기를 꺼려하는 게 보통이다. 특히 보험 청약의 경우 병력(病歷)같은 것은 그 정도가 심하다. 따라서 이런 부류의 질문은 신중하고 공손해야하며 업무처리상 꼭 필요한 것에 국한시키고 그 사실을 간곡하게 설명하여 동의를 얻도록 해야한다.

b. 육하원칙에 맞는 질문
누가, 무엇을, 언제, 어디서, 왜, 어떻게,(5w1h원칙)의 형식에 맞춘 질문은 간략하면서도 명확한 정보 획득을 가능케 한다.

c. 이런 질문은 금물이다.
시의를 놓친 질문 – 대화가 한참 진행된 뒤에 이름을 묻는 것은 적절치 않다.

고객이 생각하기에 당신이 꼭 알고 있으리라고 생각하거나 또는 알고 있어야 할 것을 묻는 것. ― 전문가다운 면모를 실추시키고 신뢰를 상실한다.

너무 많은 질문 ― 꼭 필요한 것을 그것도 간추려서 질문하라.

지나치게 개인적인 질문 ― 프라이버시 노 터치, 꼭 필요하면 그 이유를 설명하라.

〈올바른 질문만이 올바른 대답을 얻는다.〉

(3) 정확하고 예의 바른 말의 사용

말 한마디로 천냥 빚을 갚는다는 말이 있다. 그런가 하면 칼로 낸 상처는 치유가 쉽지만 말로 낸 상처는 오래 남는다는 말도 있다. 이렇듯 말은 그 어구의 의미도 중요하지만 말하는 사람의 태도, 억양, 그리고 소리의 크기 등 언어 이외의 언어까지 주의하지 않으면 안된다.

a 상대를 깔보는 말투를 쓰지 마라

대화 도중 내 말 알아들으시겠어요? 라고 묻는 것은 "당신은 내 말뜻을 이해할 만큼 현명하지 못합니다."라는 뉘앙스를 내포하고 있다.

b. 반말을 사용하지 마라.

고객이 자신보다 나이 어린 사람일 때 반말을 사용하기 쉽다. 반말은 경우에 따라서 친밀감을 유발해서 긍정적 효과를 내기도 하지만 그건 상대가 단골이어서 평소 격의 없는 사이일 때만 제한적으로 허용될 뿐이다.

c. 표준말의 사용

정중하고 원활한 의사소통을 위해서 사투리의 사용을 자제해야한다.

d. 금지해야할 말투

－금지 할 어법과 대체 어법

1. 저는 모릅니다.

"네, 정말 좋은 지적이시네요. 제가 한번 알아보겠습니다."

2. 저희는 그렇게 할 수 없습니다.

"그건 쉽진 않겠군요. 하지만 할 수 있는 데까지는 해 보겠습니다."

3. 손님께서는 이렇게 하셔야 합니다.

"저희는 이렇게 도와드릴 수 있을 것 같군요. 손님께서는 이렇게 하시는 것이 좋겠는데요."

4. 잠깐만요. 금방 돌아올께요.

"그걸 처리하는데는 2~3분 걸릴 것 같은데 기다려 주시겠습니까?(자리 비울 시간을 예측할 수 있게 하라.)

5. 안돼요.

"손님께 환불해 드릴 수는 없지만 제품을 교환해 드릴 수는 있습니다."

6. 천만예요.
"도와드려서 기쁩니다, 언제든 말씀만 하세요."

7. 그건 제가 상관할 바가 아니죠.
"얼마나 화나시는지 충분히 이해가 갑니다. 다른 길이 있는지
알아보겠습니다.

* 해도 되는 말과 해서는 안되는 말의 리스트를 작성하라, 자
신의 경험과 동료들의 의견을 참고하면 좋다. 어떤 말과 말투과
고객을 미소짓게 하는가? 특히 자신이 고객의 입장이었을 때의
경험이 도움이 될 것이다.

(4) 호감 주는 인상 만들기

때로는 우리가 보내는 무언의 메시지가 직접하는 말보다 더
욱 강하고 설득력이 있다. 서비스 전문가로서의 성공의 관건은

상당부분 고객과의 접촉 및 무언의 의사소통을 어떻게 관리하는가에 달려 있다.

전문가들은 사람들이 서로 대면해서 의사소통을 할 때 최소한 70%는 말 이외의 수단을 통해 이루어진다고 말한다. body language(신체 언어)라고도 하는 이 무언의 의사소통에 대하여 알아보자.

a. 근접

대화하는 두 사람의 거리는 얼마만큼이 적당한가? 각 나라의 문화, 전통에 따라 차이가 있지만 대개 팔 하나의 거리 즉 45~60cm가 적당하다. 너무 가까이 대면하면 긴장감이 생기고 그렇다고 1m이상 떨어지면 소원한 느낌이 들거나 정확한 의사소통이 어렵다.

b. 시선 처리

상대방과 시선을 교환해야 한다. 우리나라 사람들은 상대방의 눈동자를 쳐다보는 것을 거북스럽게 생각하는 경향이 짙다.

그러나 대화 도중 계속 딴 곳을 바라본다면 어떻겠는가? 다만 상대에게 부담을 줄 수 있으므로 지나치게 응시하는 것은 삼가야 한다.

c. 침묵

상대가 말할 때는 침묵을 지키는 것이 예의이다. 그러나 이때에도 가볍게 고개를 끄덕이거나 미소를 보냄으로써 고객의 말을 경청하고 있음을 나타내야 한다.

d. 제스처

제스처는 듣는 쪽보다 말하는 쪽에서 주로 하는 것이지만 듣는 쪽에서도 무시할 수 없는 요소로서 긍정의 표시로 고개를 끄덕이는 것도 제스처의 일종이다.

듣는 쪽의 제스처로서 금기해야 할 것들을 들어보면; 다리를 꼬고 앉는 것, 팔짱을 굳게 끼고 있는 것, 주먹을 꽉 쥐는 것 등이다.

e. 자세

똑 바른 자세로 앉되, 고객 쪽으로 등을 약간 구부리는 자세
를 취하므로써 그의 말을 중요하고도 흥미 있게 듣고 있다는 인
상을 심어주는 것이 필요하다.

f. 얼굴 표정

치켜 뜬 눈썹은 놀라움을, 윙크는 은밀한 동의나 협조를, 굳
게 다문 입술은 반대를, 밝은 미소는 동의, 호의를 암시한다. 당
신의 얼굴은 목소리를 내지 않을 때에도 훌륭한 의사 소통을 하
고 있는 것이다.

g. 전체적 외모

청결과 단정함은 능력과 연결된다. 지저분한 사람이 단정한
사람보다 더 능력 있을 수 있지만 그것을 고객에게 증명하기 위
하여는 더 큰 노력이 필요하다. 첫인상이 인간관계의 성패에 미
치는 영향은 90% 이상이다.

사교에 능한 사람들은 다른 사람들의 신체언어를 보다 능숙

하게 이해하고 반응한다. 고객의 말뿐만 아니라 무언의 신호까지 잡아낼 수 있다면, 그리하여 그것들을 효율적으로 활용할 수 있다면 고객의 욕구를 만족시키고 기대에 부응하는데 커다란 도움이 될 것이다.

(5) 전화 통화 요령

우리 우체국 가족들은 오랜 친절봉사 교육을 통하여 전화 받는 요령을 배워 왔다. 벨이 세 번 울리기 전에 전화를 받아라, 수화기는 왼 손으로 잡고 오른 손을 필기할 준비를 하라, 첫 인사와 마무리 인사를 빠뜨리지 마라, 전화를 다른 사람에게 돌릴 때에는 어떻게 하라, 등등 모두가 다 알고 있는 사실들이다.

여기서는 위와 같은 주의사항에 대하여 복습하는 의미에서 그것들이 내포하고 있는 근본 이유를 알아보도록 한다.

전화스타일 점검표

목소리의 질	그렇다	아니다
목소리가 듣기 편하다	○	×
낱말을 분명하게 발음한다	○	×
말의 속도가 적당하다	○	×
목소리의 톤이 듣기 좋다 (새된 목소리나 콧소리가 아니다)	○	×
관심과 열정을 느끼게 한다	○	×

전화 통화 요령

- 벨 소리가 두세 번 울렸을 때 받는다.
- 정중하게 받는다.
- 수화자의 신원을 밝힌다.
- 능숙하게 전화를 돌린다.
- 메시지는 정확하게 전달한다.

전화 통화에 있어서 핵심 변수는 목소리와 말투라고 할 수 있다.

대면 담화와는 달리 고객들은 우리의 얼굴 표정을 볼 수 없고 앞 절의 대화에서 중요한 요소였던 비언어적 각종 신호들을 볼 수도 없기 때문이다.

고객들은 오직 목소리의 톤과 말투를 근거로 우리의 모습과 마음상태를 상상한다. 그러므로 우리는 전화벨이 울리면 수화기를 들기 전 짧은 시간에 고객을 응대할 마음의 준비가 되어있는지 확인해 보아야 한다. 위의 표는 그러한 점검을 위해서 유용한 도구가 될 것이다.

육성과 통화 음성은 다를 수 있다.

당신의 전화 목소리가 어떻게 들리는지 동료나 가족 또는 상사에게 평가를 받아 보는 것은 의미 있는 일이며 자신의 목소리를 녹음하여 들어보는 것도 좋은 방법이다.

통화 예절

a. 수화기를 들 때

적어도 벨이 세 번 울리기 전까지는 전화를 받아야 한다. 기다리는 사람에게는 항상 지루함이 따르고 더구나 조급함이 속성인 우리나라 사람들에게 있어서는 더욱 그렇다.

전화를 받을 때는 당신이 수화기를 드는 그 순간부터 고객이 이쪽의 모든 소리를 들을 수 있다는 것을 잊지 말아야 한다.

"안녕하세요, ○○우체국 ○○팀 아무개입니다. 무엇을 도와드릴까요?" 이 인사말에는 전화통화를 시작할 때 지켜야 할 세 가지 요소가 갖추어져 있다.

첫인사와 내가 누구인가를 밝히는 일, 그리고 어떻게 도와드리면 좋겠는가 라는 질문이 그것이다.

b. 통화중 잠시 기다리게 할 경우

동시에 걸려온 다른 전화를 받기 위하여, 고객의 질문에 답하기 위하여 서류를 찾아야 할 경우 등, 잠간의 시간이 필요할 수 있다. 어떤 경우라 하더라도 우리는 "잠깐만 기다려 주시겠습니까?"라고 허락을 구해야 하고 상당한 시간이 걸릴 것이 예상된다면 그 이유를 설명해야 한다.

우리가 알 수 없는 긴급한 상황이 고객에게 존재할 수도 있다는 사실을 잊지 말아야 한다.

c. 제3자에게 전달해야 할 사항이 있을 때

현재 자리에 없는 다른 직원의 담당 사항일 경우는 고객이 필요로 하는 사항을 명확히 알 수 있도록 메모하도록 한다. 이 경우 고객의 이름, 회사명 전화번호는 필수이며 용건을 간략히 적고 전화를 받은 사람(자기 자신)의 이름과 통화 일시도 빠뜨리지 않는 게 좋다.

d. 전화를 다른 사람에게 돌릴 때

전화를 통해 방문한 고객이 가장 싫어하는 것은 최초의 통화자에게서 용건을 종결짓지 못하고 여러 곳으로 전화가 돌려지는 일이다.

통화 시간이 길어지는 데다가 같은 말을 여러번 반복해야 하기 때문이다. 그런가 하면 돌려지는 가운데 전화가 끊기는 때에는 참을 수 없이 짜증이 난다. 따라서 가능하면 최초의 수화자가 처리하되 꼭 돌려야할 경우는 차라리 메시지를 받은 다음 담당자로 하여금 고객에게 전화를 걸도록 하는 것이 좋다.

이때에도 담당자에게 고객의 요구사항을 자세히 설명하여 고객이 같은 내용의 말을 반복하지 않게 해야한다.

e. ARS응답

자동 응답기는 현대문명의 이기이자 해악이기도 하다. 인력 절감을 위해 거의 모든 기관에서 쓰고 있는 이 장치는 사용 주체에게는 이익을 가져다주는 게 사실이지만 그 일방적 지시일변도의 메카니즘과 비인격성 그리고 복잡한 절차 때문에 고객에게는 귀찮고 짜증나는 대상일 뿐이다. 그럼에도 불구하고 많은 업체들이 능률적이라는 이유 때문에 ARS시스템을 운용하고 있는 게 현실이다.

시스템 운용상 유의할 점을 알아보자.

① 음성 메시지는 통화의 대체수단이 아니라 어디까지나 보
조수단이므로 가능하면 직접 통화가 주가 되도록 한다.

② 자동응답 메시지를 자주 바꿔서 고객이 똑같은 톤 똑같은
내용의 금속성 응답에 진력나지 않도록 배려한다.

③ 메시지가 분명하게 들리는지 시스템 작동이 제대로 되는
지 확인을 게을리 하지 않는다.

f. 서면에 의한 의사소통

편지 속에서 사는 우체국 사람들에게 편지를 통한 의사소통
에 대하여 말하는 것은 어딘지 어색할 수도 있다. 그러나 우체국
사람이기 때문에 다른 사람보다 편지를 더 잘 써야하는 당위성
이 있는 것도 사실이다.

어떤 경우에 편지를 보내야 하는가?

① 어떤 사안을 확인하고자 할 때

직접 대화나 전화통화에 의한 상담을 끝냈을 때 그 내용이
복잡할 경우 다시 한번 확인하기 위하여 서신을 보내면 고
객과의 사이에 완벽한 의사소통이 가능하고 성실하다는 느

낌을 받게 한다.

② 서류를 만들어야 할 때

전화를 이용한 보험 청약의 경우 청약서를 주소지로 보내 필요한 사항을 고객이 직접 작성해야할 필요가 생긴다. 이 때에도 그 서류 작성상 유의사항과 함께 청약에 응해준 데 대한 고마운 마음을 표한 서신을 동봉하는 것이 효과적이다.

③ 친밀한 관계를 유지하기 위하여 서신을 보낼 때

서신은 한번으로 끝내버리는 서비스 행위의 덧없음을 보완하는 가시적이고 지속적인 관심의 표현이다.

고객에게 특별한 날(생일이나 결혼 기념일 등) 서신을 보내 축하의 뜻을 전달하면 전화나 말로 하는 것보다 훨씬 더 가치 있는 인사가 된다.

편지 쓸 때 고려해야 할 사항

편지의 내용이 무엇이든지 정중하고 읽기 쉽게 쓴다.

직장의 이름으로 보내는 문서 형식의 서신은 회사 로고와 주소가 인쇄된 규격 용지를 사용한다.

편지를 보내는 목적을 첫 문단에 적는다.

상대방과 대화하듯이 쓴다. 생활 속에서 대화하듯이 자연스럽게 쓴다.

미사여구보다는 솔직하고 평이한 문장을 쓴다.

오자나 탈자가 없어야 한다.

(6) 감사하는 마음의 표현

고객에게 감사하는 것은 고객만족에 있어서 대전제이자 바탕을 이루는 이념이다.

그러나 앞의 친절봉사 구현의 어려움에서 살펴본 바와 같이 그것을 표현하는 일은 그리 쉬운 일이 아니다.

본 란에서는 구체적으로 어떠어떠한 경우에 어떤 방법으로 감사의 마음을 표현해야 하는가에 대하여 알아보기로 하자.

a. 고객에게 감사해야 할 때

① 고객을 만나거나 거래를 할 때마다. – 완전 경쟁체제 하에서 다른 곳을 제쳐두고 우리를 찾은 고객에게, 그리고 우리의 상품이나 서비스를 구매하기로 결정한 선택에 대하여 감사를 표한다. 단골 고객에게도 마찬가지이다.

② 당신 자신이나 우체국에 대하여 호감을 가지고 칭찬할 때 – 면전에서의 칭찬에 대하여 우리는 겸연쩍어 하거나 불편을 느낄 수도 있다. 그러나 칭찬에 대하여 무감각하거나 거북스러운 반응을 보이는 것은 호의를 악의로 갚는 것과 같다. 고객의 방문과 호감에 대하여 진심어린 고마움을 표시하라.

③ 의견을 제시하거나 개선사항을 건의할 때 – 고객의 피드백에 감사하는 것은 그들의 의견을 가치있는 것으로 여긴다는 의사표시이다.

"관심을 가지고 말씀해 주셔서 정말 감사합니다. 고객님의 의견은 우리의 사업발전에 크게 기여하게 될 것입니다." 미소 띤 인사와 함께 이렇게 말하면 고객의 자존심은 한껏 고양될 것이다.

④ 다른 사람에게 당신을 추천할 때 - 고객 자신이 받은 서비스에 만족하고 그의 친구나 지인에게 당신이나 당신의 직장을 추천해 주는 것이야말로 고객이 당신에게 할 수 있는 최상의 도움이다. 새로운 고객을 창출하는 효과를 얻게 되는 일이 아닌가? 각별한 고마움을 표해야 한다.

⑤ 고객이 참을성 있게 기다려 줄 때 - 월말이나 분기 말 같은 폭주시에는 그 시기를 놓치지 않기 위하여 평소보다 훨씬 많은 고객들로 붐비게 마련이다. 준비된 의자가 부족하여 선채로 차례를 기다리는 고객이 많을 수도 있다. 이 경우 제2선이나 3선의 관리자들이 공중실에 나가 고객들에게 미안함과 고마움을 아울러 표현하는 방법으로 커피 등 음료를 대접하는 것도 좋은 일이다.

⑥ 당신의 일을 도와 줄 때 - 자신들의 계좌번호를 즉시 말해 주고 가필이나 정정이 필요 없는 완벽하게 장성된 청구

> 가장 효과적인 감사는 즉각적이고 명확하고 진심에 바탕하고 그
> 리고 특별해야 한다. 감사는 가장 훌륭한 미덕일 뿐만 아니라 다
> 른 모든 것의 어머니이다.　　　　　　　　　- 키케로 Cicero

서를 제출하며 여러가지 질문에 대하여 신속하고 솔직하게 대답해주는 고객은 많은 고객을 상대로 일해야 하는 당신을 크게 도와주는 사람이다. 감사해야 하지 않겠는가?

⑦ 당신에게 불평할 때 - 가장 무서운 고객은 불평을 마음속에 담고 돌아가서 다시는 찾지 않는 사람이다.

불평은 관심의 또 다른 표현이다. 다만 그 관심은 당신의 반응에 따라 재 결속이냐 결별이냐로 나뉘는 경계선상에 위치한다. 어떻게 할 것인가?

⑧ 당신에게 미소지을 때 - 진정한 서비스는 내가 고객에게 미소짓는 것이 아니라 고객이 내게 미소 짓게 하는 것이다. 최상의 선물인 미소에 최고의 고마움으로 보답하라!

b. 감사 표시의 방법

① 말로 하는 표시 - 만날 때마다 매번 하루에 몇 번이라도 처음 만난 것처럼 감사의 인사를 하라. 개·폐점 시간에 맞춰 한꺼번에 군대식으로 하는 인사는 너무 작위적이고 정

겨움이 베어나지 않아서 효과가 없다. 카운터나 출입구에
전동 인형을 설치하여 계속 절하게 하는 것도 아무런 감흥
을 자아내지 못한다.

② 서면에 의한 표시 - 가능하면 필서로 된 편지를 보내라.

③ 선물에 의한 표시 - 값이 비싸지 않으면서도 생활에 필요
한 아이템을 선정하여 거래를 끝낸 고객에게 선물하는 것
은 당신의 서비스를 오래 기억하게 하는 매개물이 된다.

c. 이런 사람에게 감사하라

① 동료에게 감사하라 - 고객 앞에서 동료에게 감사하는 것
은 당신을 예의 바르고 붙임성 있는 사람으로 느끼게 하고
화기애애한 직장분위기를 느끼게 하여 신뢰감을 준다.

② 당신의 상사에게 감사하라 - 당신이 서비스할 수 있는 자
원과 권한을 부여하는 상사에게 감사하라.

③ 당신의 부하에게 감사하라 - 당신의 지위를 보장해 주고
실질적으로 업무를 수행하며 고객에게 서비스하는 부하에
게 감사하는 것은 당연하고도 불가결한 일이다. 그것은 부

하의 존경과 일의 성과로 당신에게 돌아온다.

④ 타부서 사람들에게 감사하라 − 비현업이나 지원 부서에 근무하는 사람들에게도 감사하라. 그들의 지원이 전체적인 팀워크로 고객에게 봉사하는데 영향을 미친다는 것을 잊지 마라.

⑤ 당신 자신에게 감사하라 − 당신은 사명감을 가지고 열심히 힘든 일을 하고 있다. 그리하여 격려와 칭찬 그리고 감사를 받을 충분한 자격이 있다.

계약을 성사시켰을 때, 어려운 문제를 해결했을 때 그 공을 자신에게 돌리고 감사한 마음으로 자신을 위한 포상으로서의 이벤트를 마련하라. 여기에 사랑하는 가족이나 친구를 동참시키는 것도 의미있는 일이다.

2. 고객은 항상 옳은가?

일이 언제나 뜻대로 되는 것은 아니다. 특히 사람을 대하는 일에 있어서는 완벽을 장담할 수 없다. 과학이나 기계공학 부문에서는 무결함 주의나 6시그마 운동(100만번 중 3~4번의 오류 인정)과 같은 것이 논의될 수 있지만 우리가 상대하는 사람들은 그 모양새가 천차만별인 만큼이나 각기 다른 마음과 태도를 가지고 있기 때문이다.

따라서 아무리 완벽하게 하려고 노력해도 가끔은 실수나 차질을 빚게 마련이다.

어떤 때는 고객 쪽에 잘못이나 책임이 있을 수도 있다. 그러나 그러한 책임을 고객에게 추궁하거나 전가시킬 수 없는 것이 대 고객관계에 있어서의 우리의 딜레마이다.

그러므로 이런 경우 문제를 해결할 수 있는 능력을 갖추고 대처해 나가는 것이야말로 서비스의 핵심요소라 할 것이다. 그것이 당신의 일을 수월하게 하고 조직의 사업을 성장시킨다.

(1) 럭비공과 같은 고객

"럭비공과 개구리는 어디로 튈지 알 수 없다"는 말이 있다.

다양한 욕구와 성향을 가진 고객의 마음을 미리 예측하는 것은 그처럼 어려운 것이다.

필자가 부천우체국장으로 근무할 때의 일이다.

어느날 결재 겸 사무실 순회를 위하여 창구에 내려갔는데 어떤 노 고객이 공중실에서 마구 누군가를 꾸짖고 있었다. 가까이 가면서 들어보니 그의 불평인 즉슨 별로 손님이 많지도 않은데 고가의 순번 대기 번호기를 설치해서 국고를 낭비하고 있다는 것이었다. 그분의 지적이 타당한지 아닌지에 대해서는 논외로 하고 우선 그런 것을 문제삼는 고객이 있으리고는 국장인 나로서도 전혀 예상치 못한, 그야말로 럭비공과 같은 불만 표출이었다.

오직 고객의 편의를 위하여 막대한 예산을 들여 설치한 것을 다른 누구도 아닌 수혜자인 고객이 문제 삼으리라고 누가 짐작인들 했겠는가?

딱히 어떤 특정 직원에게가 아니라 우체국 전체, 또는 정보통신부에 대한 공격이었으므로 당연한 일이지만 아무도 그 고객에게 직접 나서서 응대하지 못한 채 그러나 불만이 묻어나는 표정으로 입을 다물고 묵묵히 자기 일들을 하고 있었다.

이러한 무대응이 당연히 그를 더욱 화나게 했다. 목소리가 점점 커져서 창구 직원은 물론 공중실 안의 다른 고객에게까지 불편과 불쾌감을 느끼게 할 정도였다.

나는 그에게 다가가 정중히 인사하고 국장임을 밝힌 다음 안쪽의 응접 공간으로 인도하였다. 차를 한 잔 권한 다음 우리 일에 관심을 가져 준데 대하여 감사를 표하고 예산이 꽤 많이 들었지만 이것은 우리의 편의를 위해서가 아니라 줄을 서서 기다려야 하는 고객의 불편을 덜어드리기 위하여 설치했으며 실제로 많은 고객들로부터 좋은 반응을 받고 있으니 이해해 주시기 바란다고 말했다.

대화 도중 재차 국고 낭비 지적이 있었으므로 그 부분 우리는 국민의 세금인 국고를 재원으로 운영하는 게 아니라 자체의 운영 수익으로 지출에 충당하는 소위 독립체산제를 택하고 있으며 건실한 경영으로 흑자를 내어 연간 최고 1500억원 정도를 오히려 일반 회계로 넘기고 있다는 사실도 설명했다.

결국 그는 자신의 지나친 노파심에 대하여 사과하고 마음이 풀려 돌아갔다.

여기서 강조하고자 하는 것은 고객의 요구사항이나 불만이

터무니없는 것이라 하더라도 그걸 무시하거나 맞대응해서는 안 된다는 것이다.

우리에겐 불만 표출로 느껴지더라도 고객은 의견을 개진하는 것이며 사실 순수하고 우호적인 마음에서 우러난 충고일 수도 있기 때문이다.

(2) 우리 고객의 이중성(二重性)

a. 권력 지향적 속성

평범한 사람들의 일반적인 속성일 수도 있지만 우리나라 사람들에게는 강한 자에게는 약하고 약한 자에게는 강한 이중적 속성이 두드러진다고 말할 수 있다.

전체주의적 왕정에서 중간 단계인 봉건사회를 경험하지 못한 채 현대를 맞은 우리의 역사적 배경도 한 몫하고 있을 이러한 전통은 수평적이기보다는 수직적 사회구조를 이루고 있고 그것이 권력 지향적 의식구조로 굳어진 연유이기도 하다.

서비스 기관인 우체국은 권력과는 무관한 조직이며 따라서 약한자에 속한다고 할 수 있다.

반대로 검 · 경이나 군과 같은 권력기관이나 징세권을 가진 세무관서 등은 강자라고 보아야 할 것이다.

앞서 말한 이중적 의식구조를 여기 대위시켜 보면 소위 강한 기관에서는 충분히 참아낼 수 있는 불만도 약자인 우리에게는 여과 없이 표출할 개연성이 존재한다고 말할 수 있다.

b. 공무원이라는 지위가 갖는 이중적 속성

경기가 좋을 때 사람들은 공무원이라는 직업에 대하여 특별한 선호를 나타내지 않지만 경제가 어려워지고 그에 따라 일자리가 줄어서 취업이 어려워지면 공무원직을 선망하게 되고 특히 요즘처럼 사오정 오륙도에다가 삼팔선이라는 신조어까지 등장할 정도로 상황이 심각해지면 강한 신분보장과 비교적 긴 근무 연한을 누릴 수 있는 공무원직에 대하여 부러움을 넘어 상대적 열등감을 느낀다.

그런가 하면 고객 자신이 앞서 말한 권력기관의 소속원일 때에는 비권력기관의 소속원에 대하여 우월감을 가짐으로써 우체국 직원은 선망과 무시라고 하는 이중적 처우의 대상이 되고 이러한 사실이 고객관계를 어렵게 한다.

(3) 성숙한 고객관계의 實例

1985년 정부 중견 관리자 연수단에 선발되어 일본에 갔을 때의 일이다.

인사원에서의 3주 연수를 마치고 우정성(郵政省)을 방문하게 되었다. UPU가 인정하는 그들의 선진 우정을 배우는 과정에서 내가 특히 관심을 가졌던 것은 친절 봉사에 대한 그들의 대처방법이었다.

일본사람들이 친절하다는 것은 세계적으로 정평이 나 있고 실제로 3주 동안 체제하면서 일반 국민들의 몸에 밴 친절을 수없이 경험하고 목격했거니와 우정성에서는 어떤 계획과 방침으로 우체국 현장의 친절봉사를 구현하고 있는지가 무엇보다 궁금했던 것이다.

그러나 이런 내 예상을 뒤엎고 우정성의 주요사업 계획 어디에도 친절봉사 구현을 위한 직원 교육이나 실행 계획이 없는 것이 아닌가?

의아한 생각을 떨쳐버릴 수 없어 나는 계획 담당 사무관에게 물었다.

"아, 친절 운동 말씀이군요. 저희는 2년 전부터 그 운동을 하지 않습니다. 10년 전까지만 하더라도 애를 먹었습니다만 그 이후로는 전국 13000여 개 우체국에서 불친절하다는 민원이 거의 제로상태이거든요."

이 말을 듣는 나는 한편 부럽고 또 한편 부끄러워 얼굴이 새빨갛게 달아오르는 것을 막을 수가 없었다. 매년 많은 예산과 인원을 투입하여 교육을 실시하고 모니터를 통해서 감시하거나 여론조사를 하면서도 민원이 줄어들기는커녕 오히려 늘어나고 있는 우리의 현실을 생각했기 때문이다.

이튿날 나는 직접 현장 모니터링을 하기로 마음먹고 우중에 길을 나섰다. 그리고 첫 방문한 소규모 우체국(우리의 6급 관내국 규모)에서 다음과 같은 놀라운 모습을 목격한 것이다.

내가 들어섰을 때 6~7명의 직원들은 열심히 혹은 혼자서 혹은 고객을 상대로 업무를 처리하고 있었다. 그 중 출입문에서 가

장 가까운 우편 창구에서는 카운터 위에 소포를 올려놓고 고객
과 직원이 마주하여 접수 절차를 밟고 있는 중이었다.

이때 출입문이 열리고 빗물이 뚝뚝 듣는 우산을 접으며 젊은
여성 한 사람이 들어왔다. 그런데 그녀가 소포를 접수하고 있는
직원에게 다가오더니 길을 묻는 것이 아닌가? 내 상식으로는 심
상한 일이 아니었기 때문에 비상한 관심을 가지고 지켜볼 수 밖
에…

일을 하던 직원이 이 여인의 뚱딴지 같은 출현에 어떤 반응을
보일 것인가.

그는 일을 잠시 멈추고 소포를 한쪽으로 밀어놓은 다음 진지
한 표정으로 길을 설명하는데 한참을 설명해도 여인이 고개를
갸웃거리며 알아듣지 못하자 서랍을 열고 종이를 꺼내 약도를
그려가며 다시 설명하는 것이다. 그제서야 여인은 밝은 낯으로
"알겠습니다. 감사합니다."고 인사하면서 나가고 직원은 다시
밀어놓았던 소포를 끌어당겨 접수업무를 계속하면서 소포 주인
인 고객에게 미소띤 얼굴로 "미안합니다. 손님."라고 말했다.

"뭘요, 괜찮습니다." 고객의 말.

자 이 얼마나 놀랍고 감동적인 모습인가! 우리 같았으면 어떠했을까? 우선 공무중인 사람에게 길을 물어볼 엄두를 낼 만큼 용감(?)한 사람이 없을 것이고, 만약 그렇게 물어봤다 하더라도 직원은 들은 척도 하지 않았을 게 불문가지이며 진짜 고객인 소포주인이 "뭐 이런 얼빠진 여자가 다 있어." 하고 역정을 냈을게 뻔하지 않은가? 어쩌면 공무집행 방해로 고발하려하지 않았을까?

나는 그 광경을 보면서 어제 그 사무관의 말이 전혀 허풍이 아니었음을 실감할 수 있었고 두 고객과 직원이 삼위일체가 되어 빚어낸 한 폭의 잘 그린 수채화같다고 생각했다. 그만큼 그들 세 사람 사이의 관계가 물 흐르듯 자연스럽고 아름다웠던 것이다.

3. 핑계는 금물

다음 장에서 구체적 사례를 들겠지만 핑계를 즐겨 쓰는 것은 그 자신에게나 조직에게나 마이너스를 가져온다. 핑계를 좋아하는 사람은 상대에게 주체성 없는 사람, 책임감 없는 사람, 그리하여 불성실한 사람으로 비친다.

실제로 자기 자신의 직접 책임이 아니더라도 조직의 일원으로서 스스로 책임지려는 자세를 갖는 것은 믿을만한 사람으로 보이게 하는 결정적 요인임에 다름 아니다.

(1) 제도나 규칙에 빗댄 핑계

제도나 규칙은 원래 일하는 사람들의 책임한계를 분명히 하고 일의 흐름을 순조롭게 하기 위하여 제정된 최소한의 약속이다.

앞에서 절대 규칙과 상대규칙에 대하여 알아보았거니와 전자의 경우는 어쩔 수 없다 하더라도 후자의 경우에는 최대한 유연성을 갖고 대처하되 적어도 그것을 이유로 하여 고객에게 불편을 끼쳐서는 안된다.

a. 규칙이 고객을 얽매는 경우

○○우체국장 시절의 일이다.

어느 토요일, 막 퇴근을 하려는데 배달서비스 과장이 화가 나서 얼굴이 벌겋게 충혈된 고객 한 분과 함께 들어왔다.

민원의 내용인즉, 인근 시골에서 접수하여 시내로 배달되어야 할 우편물이 내용상 하자가 있어 배달되기 전에 반환 받기 위하여 달려 왔는데 다행히 우편물이 배달 전 상태로 우체국에 남아 있는데도 불구하고 담당자나 과장이 하나같이 정식 반환청구 절차에 따라 처리하여 발송인의 주소지로 돌려보낼 수 있을 뿐 중간(발송인 주소와 배달지의)에서 반환해줄 수 없다는 규칙을 들어 거절했기 때문에 결국 거의 멱살잡이 형국이 되어 내 방에까지 올라온 것이었다.

확인 해본 결과 민원인은 접수국에서 소정의 반환청구를, 그것도 전신에 의하여 하고 또 주민등록증에 의하여 정당 본인임이 확인된 상태였다. 이 얼마나 어처구니없는 일인가?

담당자나 과장이 〈반환불가〉를 주장하는 이유라는 게 바로 정당 본인에게 차질없이 우편물을 배달하기 위하여 만들어 놓은 규칙의 자구 해석에 근거하고 있었음은 두말 할 나위도 없다. 그런데 아이러니한 것은 그 규칙이 바로 정당 본인에게 반환되는 것을 막고 있다는 사실을 그들 두 사람은 전혀 의식하지 못하고 있었던 것이다.

여기서 우리가 알아야 할 중요한 사실이 두 가지 있다.

하나는 모든 규칙은 고객을 위하여 존재한다는 사실이고 둘은 우편물은 원칙적으로 발송인 또는 수취인의 권한에 속하는 물건이지 우리 소유가 아니라는 사실이다. 우리는 다만 소정의 수수료를 받고 그 우편물을 안전하고 정확하게 전달해 줄 의무를 지고 있을 뿐이며 그 과정에서 한시적으로 관리권을 위임받았을 뿐인데도 불구하고 마치 이편의 소유인양 착각하고 있으며 그런 나머지 까다로운 규칙을 핑계삼아 반환을 거절하기에 이른 것이다.

결국 모든 책임을 내가 지기로 하고 즉시 반환했지만 정당본인이 찾아갔는데 무슨 책임질 일이 있겠는가?

b. 규칙이 우리 자신을 얽매는 경우

1972년 가을 시종우체국에 근무하던 시절의 일이다. 그 시절에는 농촌지역 주민들의 편의를 위해 일요일이라도 5일장이 서는 날이면 오후 2시까지 창구를 열고 업무를 보았었다. 어느 일요일 장날, 무사히 업무를 끝내고 잠시 휴식을 취하고 나서 수제

금고를 넣고 막 퇴근하려는데 두루마기에 고무신을 신은, 60대 중반으로 보이는 노인 한 분이 현관문을 밀고 들어왔다. 그리고는 객지에 있는 아들에게 전신환으로 돈을 보내러 왔다는 것이다. 반사적으로 시계를 보니 세시 반을 넘고 있었다.

"손님, 죄송합니다만 이미 마감을 다 해서 오늘은 안되겠는데요. 내일 다시 나오시면 처리해 드리겠습니다."라고 정중하게 말했다. 그러나 그분에게 마감과 같은 절차가 무슨 의미가 있겠는가. 게다가 그분은 우체국으로부터 30여리나 떨어진 먼 곳에서 왔고 장날이 아니면 좀처럼 이곳까지 나오기가 어렵다는 것이었다. 잠시 생각한 끝에 나는 절충안을 제시했다. 내부적 접수 절차는 오늘 밟되 돈은 내일 송금하면 그분이 다시 먼 길을 나오지 않아도 소기의 목적을 달성할 수 있겠다는 생각에서였다. 사실 오늘 송금을 해도 지급국에서 증서 배달이나 지급절차를 진행시키지 못하니 특별히 늦어지는 것도 아니었다. 절충안에 동의를 표하는 손님에게 전신환 송금 영수증을 발급하여 보관하고 다음날 아침 환 국보를 작성하여 보내기로 하고 퇴근하였다.

그런데 천려 일실이라, 아예 환국보까지 작성해서 함께 보관하지 않았던 게 큰 실수였으니…

　이튿날 환국보 송신을 빠뜨린 채 그만 망각하고 말았던 것이다. 열흘쯤 지나 월말이 되었다. 월말이면 각종 전보 접수 원부인 발신지 한 달분을 순서대로 철해서 체신청 전무과로 발송하게 되어있었는데 그 작업을 하다가 예의 환국보가 누락된 사실을 발견하게 된 것이다. "아이쿠! 이를 어쩐담? 급해서 전신환으로 송금을 부탁하고 지금껏 아무런 소식이 없었으니 얼마나 애타게 기다릴까 " 생각해 보니 정말로 큰 죄를 진 느낌이었다. 나이 드신 노인 분을 돕겠다고 배려했던 게 거꾸로 일을 그르치고만 것이다. 서둘러 재달(再達; 전보 송신이 누락되었을 때 다시한 번 송신하는 제도) 절차를 취하고 그날 퇴근 후에 자전거를 타고 30리를 달려 송금인에게 갔다.

　전후 사정을 말씀드리고 오늘 다시 송금 통지를 했으니 내일은 돈을 받을 수 있으리라고 설명했다. 그렇지 않아도 돈이 안 온다고 독촉이 와서 내일쯤 우체국에 나가 알아보려던 참이었다면서 이제 알았으니 됐다고 선선히 내 실수를 용서해 주셨다.

　따뜻한 저녁식사에 술까지 한 잔 얻어 마시고 시골 노인양반의 훈훈한 정에 감동되어 콧노래를 부르며 밤길을 돌아왔지만 일은 그것으로 끝나지 않았다.

이튿날 출근하여 사실을 체신청 전무과에 전언 통보했더니 댓뜸 하는 말, 규정에 따라 징계위원회에 회부하겠다는 것이었다. 전신환을 고의나 중대 과실로 인하여 일주일 이상 지연시키면 징계에 회부하게 되어 있다는 것이었다. 결론부터 말해서 나는 징계에 회부되었고 견책에 처해졌다.

공무원 생활 11년에 최초의 징계였다. 체신청에서 비리를 발각한 것이 아니고 행위자 본인이 스스로 신고를 하였고 송금의 뢰인에게는 이미 양해를 구했으며 무엇보다도 그냥 실수가 아니라 고객을 돕겠다는 마음이 원인이 된 실수였으므로 아무 일 없으리라고 생각했지만 규정이 그러하니 어쩔 수 없다는 것이었다. 앞서 말했듯이 규칙이란 업무를 원활히 하고 고객이나 처리 당무자를 보호하기 위하여 제정 시행되는 것인데 거꾸로 당무자를 해치는 경우도 있을 수 있는 것이다. 운용의 묘가 요구된다고 하겠다.

(2) 타부서나 다른 사람에게 책임전가하기

일이 잘못되어 갈 때, 또는 결과적으로 잘못되었을 때 사람들

은 습관적으로 고객의 주의를 다른 곳으로 돌려 곤경에서 벗어
나려고 하는 충동을 느끼게 된다. 제도나 규칙을 핑계삼는 것도
그 한 예이며 그 외에도 사무기기 고장시 그 기기의 설치 운용자
심지어는 메이커 핑계를 대고 업무가 다른 부서와 유기적으로
연관된 일 부분일 때 전 단계의 담당자나 부서에 책임을 돌리려
하는 것 등이다.

고객은 영리하다. 당신이 다른 곳으로 책임을 떠넘기려 애쓰
고 있다는 사실을 금방 알아챈다. 뿐만 아니라 일 처리의 내부과
정이나 기계의 설치 제조에 이르기까지 세분해서 생각하는 것이
아니라 모든 것을 통틀어 하나의 시스템으로 보며 다른 누구도
아닌 대면하고있는 바로 당신을 상대로 불만을 표출하는 것이
다.

(3) 주변 환경 또는 상황을 빗댄 핑계

교통 혼잡에 의한 운송의 지연, 섬 지방의 일기 불순에 따른
선박의 결항이나 지연, 사고에 의한 우편물의 훼손 망실 등 당신
이 어떻게도 할 수 없는 불가항력적 상황에 의하여 민원이 발생

하면 어떻게 할 것인가?

```
┌─────────────────────────────────┐
│                                 │
│        서비스향상을 위한          │
│         핵심 포인트              │
│                                 │
│                                 │
│      고객에게 봉사한다는          │
│      신념으로 행동하라            │
│                                 │
│                                 │
│    고객의 욕구를 안다.            │
│    고객을 파악한다.              │
│    고객과의 접점을 모두 조사한다.  │
│    최고를 지향하고 벤치마킹을 한다. │
│                                 │
└─────────────────────────────────┘
```

이러한 경우는 천재지변이나 그 이외의 자연 재해가 원인이
거나 인재라 하더라도 대개 우리와는 상관없는 타인에 의하여
야기되는 것으로서 법적으로나 도의적으로 당신의 책임이 없다

고 할 수 있다. 그러나 이러한 경우라 하더라도 현실적으로 손해를 입은 고객에 대하여 강 건너 불 보듯 무관심한 태도를 보여서는 안된다. 고객의 입장에서 진정으로 안타까워하고 위로하는 따뜻한 배려를 아끼지 않아야 하는 것이다. 불만을 토로하는 고객도 그것이 당신의 잘못으로 빚어진 일이 아니라는 것을 잘 안다. 다만 실질적 손해-그 손해는 때로 금전적으로 환산할 수 없을 정도로 막대한 것일 수도 있다.-에 대하여 유감을 표시하는 것이고 다른 누구에게도 할 수 없으므로 담당자인 당신에게 표현하는 것임을 알아야 한다.

그런데도 핑계의 마력에 홀려 우리는 가끔 우리들의 잘못까지 죄 없는 환경이나 상황에게 뒤집어씌우는 버릇이 있다.

고객이 혼란스럽다거나 당황하거나 화나거나 실망스럽다고 말하면 이미 문제는 발생한 것이다. 어느 고객에게는 실망스러운 일이 다른 고객에게는 전혀 문제가 되지 않을 수 있다.(앞의 부천의 순번 대기표에 대한 어느 고객의 불만처럼) 그건 아무래도 상관없다. 분별이 있다면 화내지 않을 것이라고 해서, 당신 잘못이 아니라고 해서, 우체국 잘못이 아니라고 해서 또는 고객

> 서비스 담당자 에이미 그루버는 가장 짜증나는 고객이나 상황에
> 대하여 스트레스 일기를 썼다. 스트레스 일기의 리스트에 하나를
> 더 써 넣는 것은 그녀의 마음을 진정시키는데 도움을 줬으며 수
> 년에 걸쳐 기록한 그 일기는 스트레스에 대응하는 훌륭한 지침서
> 가 되었다.

이 실수를 저질렀다고 해서 문제가 사라지거나 사라지기를 바랄
수는 없는 것이다.

4. 자기 관리

어떤 일에 종사하는 사람이건－말하자면 육체 노동이건 정신
노동이건－ 그 일에 적응하고 최고의 능률을 올리기 위해서는
자기 관리가 무엇보다 중요하다. 내부고객 만족 항목에서도 언
급한 바와 같이 자신의 직업－일에 대하여 긍지와 자부심을 갖
고 즐거운 마음으로 임하는 것이 관건인데 직접 고객을 상대하
여 친절봉사라는 정신 운동을, 그것도 상당한 수준의 육체 노동
과 함께 수행해야 하는 사람들은 단순히 육체 노동만을 하는 사
람들 보다 훨씬 더 스트레스에 노출되기 쉽다.

스트레스가 쌓이면 심신이 경직되어 표정이 굳어지고 사소한
자극에도 흥분하거나 화를 내게 된다.

(1) 스트레스를 줄이는 방법

a. 심호흡을 하라

심호흡을 크게 하는 것은 가장 고전적이면서도 최상의 스트레스 해소 방법이라고 알려져 있다. 스트레스는 폐 속의 산소와 탄소의 균형을 망가뜨린다.

복식호흡과 같은 심호흡을 통한 산소의 공급이 이러한 불균형을 개선하고 불쾌감을 줄여준다. 10회 정도 단전에 힘을 주고 숨을 들어 마신 다음 잠시 참았다 천천히 내쉬는 호흡을 반복하면 스스로 기분이 나아지는 것을 느낄 수 있을 것이다.

b. 미소를 짓는다.

기분은 대부분 스스로 만드는 것이다. 기분에 따라 스트레스를 받을 수도 있고 그렇지 않을 수도 있다.

미소는 전염성이 강하다. 무뚝뚝해 보이는 손님에게 눈을 마주치고 활짝 미소를 지어 보이면 백이면 백 그 손님도 미소를 지을 것이다.

미소짓는 것도 연습에 의하여 향상시킬 수 있다. 별안간 미소가 떠오르지 않으면 자신이 최고로 행복했던 순간을 회상하라. 그러면 자연스럽게 미소가 떠오를 것이다.

c. 유머 감각을 지녀라

유머는 삶을 윤택하게 하고 어려움에 직면했을 때 마음을 유연하게 해준다.

인생은 연극이고 화가 날 때는 내가 악역을 맡고 있다고 생각하라. 배우가 항상 같은 역만 맡는 게 아니지 않는가? 미구에 멋진 역할이 주어질 것이라고 상상하고 유명한 연기자는 어떤 역할도 잘 소화할 수 있는 사람이라고 생각하고 여유를 가져라.

d. 발산을 하라

분노와 짜증을 가슴속에 가두어 두면 그것은 심화의 원인이 되고 언젠가는 더욱 커져서 폭발하게 되어있다. 그렇게 되기 전에 발산해야 한다.

일본의 상당수 회사들은 직원들의 스트레스 발산을 돕기 위하여 밀실에 등신대(等身大) 사장의 인형을 설치하고 누구나 그

안에 들어가 마음껏 그 인형에 뱃트를 가격할 수 있도록 하고 있다고 한다. 조직 전체의 구성원들을 배려한 시스템적 스트레스 발산 장치인 셈인데 이렇게 하여 생산성이 눈에 띠게 향상되었다는 조사 결과를 발표한 바 있다.

e. 잠시의 휴식을 가져라

쫀 론렐이라는 판매 전문가는 아름다운 모래사장이 있는 카리브해의 휴양소에서 윈드서핑을 즐기는 상상을 한다. 그는 1~2분간의 짧은 상상을 통해 현실의 괴로움을 잊어버릴 수 있다. 고객이나 직장 상사로부터 스트레스를 받으면 잠시 자신만의 상상의 세계로 여행을 떠나 마음의 평정을 되찾는 것이다.

f. 근육 운동을 하라

근육을 수축시키면 긴장감이 생긴다. 반대로 긴장하면 근육이 수축되는 것을 알 수 있다.

특정한 근육이나 신체 부위를 수축시켰다가 이완시키는 운동을 하라. 주먹을 쥐었다가 펴거나 양손을 깍지 끼어 앞으로 쭉

내밀었다가 천천히 끌어당기거나 목운동을 하는 것 등이다.

노련한 사람들은 고객 앞에서도 이런 운동을 할 수 있다. 물론 너무 동작을 크게 하는 것은 금물이다.

g. 주변 정돈을 하라

흐트러진 마음을 추스르고 자신을 통제하는 가운데 스트레스 수치를 낮출 수 있다.

고객에게 당신이 당황하거나 화가 나서 정상적인 상태가 아니라는 인상을 주지 않는데 도움이 된다.

당신의 기분이 좋아야만 서비스를 잘할 수 있다. 따라서 당신 자신을 보살필 필요가 있다.

그리고 당신만이 진정으로 자신을 보살필 유일한 사람임을 명심하라.

여기서 한가지 특별히 강조하고자 하는 것은 스트레스는 일단 받으면 마음에 상처를 주고 해소하기도 쉽지 않다는 사실이다. 그러므로 원초적으로 스트레스를 받지 않는 마음의 자세를 수양을 통해 만들고 유지하는 것이 무엇보다도 중요하다.

고객은 다양하다는 사실, 내가 이곳에서 근무하기 때문에 그들을 응대해야하고, 그들이 내게 주는 여러가지 반응은 결국 내가 보다 더 낳은 서비스를 이루는데 도움이 된다는 마음가짐을 갖는다면 스트레스를 받지 않고 즐거운 마음으로 일할 수 있지 않겠는가?

이런 마음가짐을 갖는데 틱 낫한의 『화』를 권한다.

(2) 전문가 다운 면모

고객은 당신이 근무하는 직장을 통해 자신들의 욕구를 충족시키기 위하여 당신을 찾는다.

당신의 일이 물건값을 계산하는 것이건 우편물을 접수하거나 배달하는 것이건 또는 금융을 통해 재테크나 여타의 편의를 제공하는 것이건 간에 고객들이 당신을 필요로 하는 이유는 당신이 그 업무의 전문가이기 때문이다.

  a. 私的인 요소가 배제되지는 않았으나 어디까지나 전문가로서
     의 자세를 유지할 때 고객들에게 신뢰와 도움을 줄 수 있다.

예를 들면 친밀감이나 우정적 요소가 강한 비지니스에서는 심지어 오랜 친구들도 당신에게 솔직해지기가 쉽지 않다. 그들은 친구이기 때문에 신랄한 피드백을 하지 않거나 불평을 자제할 수 있고 자신의 불만을 표현함으로써 마음의 상처를 주기보다는 차라리 거래선을 바꿀지도 모르는 것이다.

대기라인에 서있는 사람이 자기 앞의 고객과 당신이 잡담이나 친분을 나누는 모습을 보면 기분이 나빠질 수도 있다. 비공식적인 그런 잡담이 자신의 기다리는 시간을 더 연장시킨다고 생각하기 때문이다.

당신의 동료나 상사들도 만약 당신이 특정 고객에게 과다한 대우를 해준다는 생각이 들면 그와 비슷하게 생각할 것이다.

전문가다운 모습과	그렇지 못한 모습
• 분명한 역할을 보여준다.	• 친구와 사적인 전화를 자주 한다.
• 옷차림이 단정하다.	• 한숨을 자주 쉬고 눈동자를 굴린다.

> 당신이 누구인가(identity)와 당신이 하는 일이 무엇인가
> (professional)의 사이에는 분명한 선을 그어라. 당신이 누구인
> 가는 하루 일이 끝난 후 당신과 함께 집으로 돌아갈 것이고 당신
> 이 하는 일이 무엇인가는 일터에 남겨져야 한다.

- 확신에 찬 의사소통
("저는 모릅니다." 라는 말은 하지 않는다.)

- 미소짓는다.

- 열심히 도우려 한다.

- 고객과 대화하는 동안 껌을 씹거나 음식을 먹는다.

- 자신의 일에 대하여 자주 동료나 윗사람에게 묻는다.

Identity와 Professional의 차이

당신의 자아와 직업적 전문성은 다른 차원의 문제다.

서비스 전문가들이 흔히 간과하기 쉬운 관계가 있다. 그것은 다름 아닌 당신과 가장 가까운 사람들, 즉 가족과 친지들과의 관계이다.

직장에서의 일에 대하여 오늘 하루 어땠는가의 질문에 대하여 성실히 대답하는 것은 당신 자신이 일을 얼마나 소중히 여기는지 그들이 이해하는데 도움을 줄 수 있다. 그러나 고객들의 믿음을 저버리는 것이 전문가답지 못한 것과 마찬가지로 직장에서의 걱정거리를 집으로 가지고 가서 미주알 고주알 털어놓음으로

써 가족들에게 지나친 부담을 느끼게 하는 것도 공정하지 못하다

직접적 담당 업무뿐만 아니라 연관된 주변 업무의 지식도 중요하다.

서비스에 대한 주문은 때와 장소, 그리고 담당자를 구분하지 않고 들어온다.

업무시간이 종료된 야간에도, 현업과는 상관없는 당직자나 경비원에게도 또는 비현업요원에게도 들어올 수 있다는 것이다.

고객은 우리들의 내부적 업무 분담이나 일의 흐름을 알 수 없기 때문이다. 따라서 당신이 어디서 무슨 일에 종사하든지 자기 회사 전반의 일의 흐름이나 처리 절차에 대하여 가능한 한 알고 있어야 한다.

(3) 늘 배우는 자세를 견지하라

초보 운전자들은 자신이 능숙한 운전자가 아니라는 것을 알

리기 위해 자동차의 뒷 유리에 〈초보운전〉이라는 글을 써 붙이고 다니는 것을 전혀 꺼려하지 않는다. 어떤 사람들은 〈왕초보〉라고 표시하여 뽐내기도(?) 한다. 일에 있어서도 처음부터 전문가일 수 없으니 신참자나 새로 변동된 업무에 보직된 사람은 능숙하지 못할 수도 있다.

그러나 고객은 그런 사정을 알 수 없고 또 알 필요도 없다. 자기를 상대하는 직원은 그 일에 대하여 전문가일 것이라고 생각하는 것이다.

따라서 고객 접점에 있는 사람들은 언제나 매끄러운 일 처리를 할 수 있는 자세를 유지해야 한다. 그러기 위해서는 평생 학습의 정신을 갖는 것이 중요하다.

프로 운동 선수들과 마찬가지로 항상 훈련하고 성과를 개선할 수 있는 길을 모색하며 서비스 기술 연마를 위하여 꾸준히 노력해야 한다.

그렇다면 구체적으로 무엇을 배울 것인가?

배워야할 학습내용이 고객만족 운동 프로그램이라고 생각해 보자. 운동 선수가 크로스 트레이닝(팔을 주로 쓰는 테니스 선수가 신체의 유연성을 기르기 위하여 수영과 같은 타 종목의 훈련을 하는 것)을 함으로써 효과를 높이는 것처럼 여러 가지의 상호 관련된 분야를 포함시켜야 할 분야는 대개 전문 지식에 관한 기술, 대인 관계, 제품과 서비스, 고객에 관한 기술, 그리고 개인적 기술 등 다섯 가지라고 할 수 있다. 이하 각 분야에 걸쳐 자기 체크를 해 보자

a. 전문지식에 관한 기술

① 나는 우체국의 전화, 컴퓨터, 기타의 장비를 다룰 수 있는 기술이 있다.

② 나는 우체국 업무의 흐름과 절차에 대하여 잘 알고 있다.

③ 나는 고객들에게 필요한 서류를 작성하는 방법을 알고 있다.

④ 장비, 사무용품의 사용 주기와 적절한 청구 보급을 통한 준비에 만전을 기한다.

b. 대인 관계에 대한 기술

① 나는 고객들이 내가 한 일에 대하여 정말 훌륭하다고 미소 지을 수 있는 일을 한다.

② 나는 심하게 분노하거나 짜증내는 고객을 진정시킬 수 있다.

③ 나는 고객들의 관점을 이해할 줄 안다.

④ 나는 고객들에게 사정하거나 구걸하는 게 아니라 고객을 돕기 위하여 일한다.

c. 제품 및 서비스에 관한 지식

① 나는 내가 맡은 제품과 서비스가 조직의 발전에 어떻게 기여하는지 설명할 수 있다.

② 나는 갓 출시되거나 출시 예정인 신상품에 대한 정보를 갖고 있다.

③ 나는 기술적인 용어, 전문용어를 잘 알고 있으며 쉬운 말로 설명할 줄 안다.

④ 나는 우리의 제품, 서비스를 경쟁사들의 그것과 비교하고

그 우위를 설명할 수 있다.

⑤ 나는 고객들이 가장 자주하는 질문에 대하여 답변할 수 있
는 능력이 있다.

d. 고객에 관한 지식

① 나는 고객들의 불만과 칭찬의 초점이 어디에 있는지 알고
있다.

② 나는 고객들이 경쟁사에 비해 우리를 선호하는 이유를 알
고 있다.

③ 나는 주요 고객 10명 정도의 인적사항을 잘 알고 있다.

④ 고객들의 욕구는 동적인 것이며 살아 움직이고 있다는 사
실을 알고 있다.

e. 개인적 기술

① 나는 스트레스 해소에 적절한 방법을 알고 있고 실행하고
있다.

② 고객의 분노나 짜증을 나 개인에 대한 것으로 받아들이지

않는다.

③ 지금 내가 하고 있는 일은 조직 발전에 필요할 뿐만 아니라 나 자신의 성취에도 기여한다고 믿고 있다.

④ 나는 변화하는 시대와 고객 욕구에 효과적으로 대응하기 위하여 꾸준히 배우는 자세를 취한다.

앞에서 고객 욕구가 무지개 현상과 같다고 말한 바 있다. 그 말은 고객만족에 〈완성〉이란 있을 수 없다는 의미에 다름 아니며 꾸준히 배우고 변화에 대처하는 길만이 완성을 향해 나아가는 유일한 길임을 의미한다.

(4) 자신을 칭찬하고 축하하라

『칭찬은 고래도 춤추게 한다』는 제목의 책이 요즘 서점에서 잘 팔려 나가고 있다.

사람의 기를 살리는데, 동기 부여를 통한 능력 발휘에, 심지어 잘못을 저지른 사람을 교정, 선도하는데 칭찬이 무엇보다도 큰 힘을 발휘한다는 것은 잘 알려진 사실이다. 문제는 사람들, 특히 우리 나라 사람들이 칭찬에 무척 서툴다는 것이다. 남을 칭찬하는데 인색할 뿐만 아니라 면전에서 자신을 칭찬하는 것을 듣는 것도 거북스럽고 민망해 하기 일쑤다.

그런데 남도 아닌 자기 자신을 칭찬하라? 닭살 돋는 일이라고 생각하기 십상일 터이다.

그러나 자신을 칭찬하는 일은 남을 칭찬하는데 익숙해지기 위하여 쌓아야 할 중요한 기반인 것이다. 일을 잘 해낸 것에 대하여 당신 자신에게 감사하는 마음으로 칭찬하라. 다른 누구도 당신 자신만큼 자기가 얼마나 값진 일을 했는지 모르기 때문에 진정으로 축하하고 칭찬할 수 없다. 오늘 이룬 성공에 대하여 인정해주는 것은 내일 더 많은 일을 해내기 위한 훌륭한 동기 부여가 될 것이다.

a. 자신을 격려하기

앞서 말한 것처럼 우리들 대부분은 자신을 축하하는 것에 익숙지 않다. 그렇다면 당신의 성공에 도움을 준 동료에게 감사를 표하는 습관을 길러 보라. 동료의 어떤 좋은 점을 상사가 알게끔 노력해 보라. "칭찬하기"에서 보았듯이 다른 사람을 칭찬하면 그것을 들은 상사는 칭찬의 대상인 당신의 동료보다 칭찬하는 당신에게 더 호감을 갖게 된다.

다음으로 동료의 도움을 받아 실제로 그 일을 해낸 자신에게도 격려함으로써 자연스러운 감정을 유지할 수 있다.

b. 자신을 격려하는 방법

① 자신에게 멋진 식사를 대접하라 – 당신에게 평소와 다른 식사를 대접하고 그 자리에 가까운 친구나 동료 또는 상사를 초대하라 그들은 당신의 축하 파티에 동참하여 당신을 축하함으로써 자신이 무엇 때문에 축하를 받아야 하는지를 구체적으로 각인시키는데 도움을 준다.

② 도움을 준 동료에게 식사를 대접하라 – 동료를 주빈으로 하는 식사 대접은 당신의 성공에 도움을 준 사람에 대한 감사의 표시일 뿐만 아니라 훌륭한 서비스 조직의 일원이 된 것에 자부심을 느끼게 해주고 팀워크와 상호 신뢰감을 보강해 준다.

③ 자랑거리를 적은 노트를 만들어라 – 당신이 해낸 일을 축

하한 사실을 기록해 두는 것이다. 이 기록은 당신의 성공의 역사가 되고 앞으로 한 단계 더 발전하는데 지침이 될 것이다.

④ 당신 자신에게 "너 참 잘했어! 멋쟁이야."라고 말하라 — 좋은 일은 입으로 말하게 되면 점점 더 좋아진다. 적어도 기분이 좋아지고 자신감이 생긴다.

기분이 나빠 우울해질 때 자랑거리를 적은 노트를 꺼내 읽어 보라. 기분 전환할 수 있는 방법일 뿐만 아니라 일들을 적절한 관점으로 보는 안목을 기르는데 도움이 될 것이다.

5. 지역사회와의 유대 강화

사기업이건 공공 조직이건 국가기관이건 모든 조직은 그것이 위치하고 있는 지역사회에 뿌리 내리고 있는 유기체라고 할 수 있다.

그 유기체가 한 그루의 나무라고 가정한다면 그 나무가 잘 자라서 좋은 꽃을 피우고 열매 맺기 위해서는 뿌리내린 토양이 비옥하고 또 애정 어린 보살핌을 받아야 하는데 여기에는 절대적인 전제 조건이 있다. 다름 아니라 그 나무가 지역사회에 유용한 존재여야 한다는 사실이다. 크게 자라서 그늘을 제공하거나 맛있는 열매를 맺어 경제적으로 이익을 주는 그런 나무라야 한다는 것이다.

사람에게 이로운 유실수와 같은 조직이 되어 지역사회 발전에 적극적으로 동참하고 기여함으로써 스스로의 발전까지 도모하는 윈윈 전략적 기업 이미지를 세워 나가는 노력이 절실히 요구되는 이유가 여기에 있는 것이다.

본 절에서는 지역 사회와의 유대강화를 위해 지난 20여 년간 필자가 국장으로서 직접 실천한 일들과 반대로 위기를 맞아 대처했던 경험을 토대로 지역사회와의 유대 강화 방안을 살펴보고자 한다.

(1) 지역 주민 초청 한마당 잔치
우체국이 100년이 넘는 역사를 가진 친근하고 유익한 국가

기관임에도, 대부분의 시민들이 가지고 있는 우체국에 대한 인지도나 친밀도는 비교적 낮은 편에 속한다.

구분	우편		예금		보험		비고
	명	%	명	%	명	%	
은행(보험회사포함)			220	88	185	74	
우체국	150	60	30	12	65	26	
택배회사	100	40					

위 표는 99년 상반기에 조사한 우편과 금융 부문에 대한 주민의 이용 빈도이다.

이 수치는 제한된 지역과 모집단이라고 이름 붙일 수도 없는 극소수의 사람들에 대한 조사 결과이므로 통계 수치로서의 타당성이나 신뢰도에 있어서 불완전한 것이 사실이지만 어쨌든 내 기대에 훨씬 못 미치는 것이었고 금융 부문 우체국 이용 고객 12% 중에 우체국을 이용하는 이유의 70% 정도가 〈집이나 직장에서 가까워서>라는 데에는 다시 한번 실망하였다. 어떻게 하면 지역회에 우체국을 알릴 수 있겠는가? 직원 여론 수렴을 통해 아이디어를 공모하여 우체국과 주민이 함께 하는 한 마당 잔치를 열었다.

a. 직원들이 가정에서 쓰고 남거나 규격이 맞지 않아 사장시켜 놓은 생활용품을 찾아 출품하게 하여 판매하고 그 수익금으로 역내 모범 학생을 선발하여 장학금을 지급하고
b. 주민 노래 자랑을 개최하여 직원과 주민이 함께 어우러져서 장기를 겨루며 흥을 돋우는 마당을 마련했으며
c. 우편물 배달, 금융업무 처리를 역할 연기로 보여주는 단막극을 공연, 주민들로 하여금 우리의 업무를 이해하는데 도움을 주었다.

99년 가정의 달을 맞아 실시한 행사의 개요를 당시 제작했던 계획, 및 홍보 전단을 통해 알아보자.

우체국과 주민이 함께 하는 사랑의 큰 잔치 행사 안내

우체국과 지역 주민들과의 화합을 마련하고 우체국 사업의 저변 확대를 통해 종합 물류센터와 금융기관으로서의 이미지를 새롭게 하고 자라나는 어린이들에게 근검 절약 및 저축하는 습성과 글쓰는 능력을 배양할 뿐만 아니라 바자회를 통한 수익금으로 불우이웃인 소년 소녀 가장을 돕기 위하여 우리 우체국에서 아래와 같이 이벤트(행사)를 개최하오니 많이 참석하시어 여러분의 사랑방인 우체국 구경도 하시고 더불어 행운을 잡으시기 바랍니다.

행사 1.
경품을 타시려면
*일시 : 99. 5. 20~5. 31
*대상 : 우체국 정기적금 5만원 이상 및 자동이체 가입자
*경품 : 화장비누 세트
*경품지급 우체국 : 서울 도봉우체국
            (현 서울 강북우체국)

행사 2.
소년 소녀 가장 돕기 바자회 : 우체국 가족들이 기증한 생활 용품을

저렴하게 구입할 수 있는 절호의 기회
*일시 : 99. 5. 26(10;00~18;00)
*장소 : 서울 도봉우체국 4층 대회의실

행사 3.
어린이 3행시 글짓기 대회
*접수 기간 : 99. 5. 14~5.21
*주제 : 우체국 또는 집배원
*대상 : 강북구 도봉구 거주 어린이(초등학생 중학생)
*접수장소 : 강북 도봉구지역 각 우체국 창구 및 우체통 투입
*상품 : 장학금(5~10만원) 및 우표 책
*신청자는 사랑나누기 그림엽서를 구입 3행시를 작성하여 응모함

행사 4.
주민 노래 자랑
*일시 : 접수, 5.14~5.25 예선,5.26(15;00~17;00)
　　　　본선,5. 27(16;00-18;00)
*장소 : 도봉우체국 4층 대회의실
*대상 : 지역 주민 누구나
*상품 : TVL 유무선전화기. 밥솥. 선풍기. 다리미. 뚝배기 등.

서울 도봉우체국장
☎ (02) 980-0100. 989-4770

주민노래자랑 입상자들과 함께

(2) 업무 관련 이벤트 개최

a. 우표 전시회 개최

우표 수집을 통한 우체국 알리기와 수집문화 보급에 힘쓰고 전시회 참관을 위해 우체국을 방문한 고객에게 우체국 내부 업무처리 과정을 보게 함으로써 자신들이 부친 우편물이나 맡긴 돈의 흐름을 파악할 수 있는 기회를 제공하였다.

b. 편지 쓰기 대회 개최

5월 가정의 달에 각급 학생들을 대상으로 편지 쓰기 대회를 개최하여 작품을 공모하고 시상하였다. 이를 위하여 3, 4월 2개월간 각급 학교에 나가 직접 편지 쓰기에 대한 특강을 실시하였다.

　* 편지의 의미와 특성.

　* 편지의 유용성.

* 편지 쓰기가 사람의 마음을 누그려뜨리는 영향.

* 편지 쓰는 요령 등에 대하여 정보를 제공하고 많은 출품을 독려하였다.

편지 쓰기 운동을 통하여 내가 자라나는 청소년들에게 주지시키고자 했던 것은 편지가 그것을 쓰는 사람이나 받는 사람을 동시에 순화시키며 조급하고 단선적인 성격을 차분하게 가라앉혀 각박한 세상을 정화시킬 수 있다는 점이었고 실제로 응모작품을 심사하면서 적어도 편지를 쓰는 그 순간만은 대다수의 청소년들이 효성있는 모범학생이 된다는 사실이 그 가설을 증명해 주었다.

모두가 스스로를 돌아보고 반성하며 새로운 각오를 다짐하는 글을 썼던 것이다.

(3) 자매결연과 경로 행사

백령우체국장 시절의 일이다.

백령도는 인천에서 북서쪽으로 190여km 떨어진 서해고도로서 북한과는 최단거리 13km 밖에 안된다. 그런 만큼 군사, 안

보적으로 중요한 위치인 동시에 수려한 경관과 전복 해삼 생굴 그리고 우럭·놀래미·홍어 등, 풍부한 자연산 해산물 때문에 관광지로도 유명하다.

1992년부터 1994년까지 2년간 그곳에 근무하면서 외로움과 불안감 속에서도 꿋꿋하게 살아가는 주민들과의 유대강화를 위하여 두 세 곳 오지 마을을 선정하여 우체국과 자매결연을 맺고 봄 가을 좋은 날을 잡아 그 지역 청년들과 힘을 합하여 경로잔치를 열었다.

이런 행사를 통하여 주민들에게 우체국이 친절하고 예의 바른 이웃이라는 인상을 심어주는 한편 당일 주민들의 우편, 금융업무를 현장에서 처리해드리고 평소에도 집배원을 활용, 생업에 바쁜 주민들의 여러 가지 민원사항을 대신 처리해드리는 일도 병행했다.

씨를 뿌리고 열심히 가꾸면 결실을 얻는 것은 자연의 이치인 것. 우리의 그런 노력은 다음과 같은 효과를 낳았다.

여름철에도 해무(海霧)나 바람 때문에 뱃길이 며칠씩 끊기는

게 다반사지만 겨울철이 되면 그 정도가 특히 심해서 어떤 때는 보름씩 육지와의 연락이 두절되어 문자 그대로 고립무원의 외딴섬이 된다. 한 번은 이 주일 동안 폭풍주의보 때문에 오지 못하던 배가 들어 왔는데 한꺼번에 밀어닥친 우편물을 정리하다 보니 제주로부터 발송된 소포 속의 감귤이 완전히 상해서 못 먹게 된데다가 다른 우편물까지 훼손되어 있었다.

천재 지변에 의한 사고여서 딱히 우리에게 책임이 있는 것은 아니었지만 그래도 수취인의 입장에서 보면 너무나 미안한 생각이 들어 마침 오랜만에 우편물이 도착한 걸 알고 우체국에 나온 수취인에게 정중하게 사과를 했다.

"아이구 국장님, 무슨 말씀입니까? 어디 이게 국장님 잘못입니까. 모두가 저희들이 이런 섬에 살기 때문이고 날씨 때문이죠. 사실 이번에 제대로 오면 우체국에서 수고하시는 분들과 나눠 먹을 수 있으리라 생각하고 기대했었는데 이렇게 되고 보니 제가 오히려 미안한 마음입니다. 허허." 이 얼마나 감동적인 이야기인가! 그러나 이 정도는 아직 시작에 불과하다.

해가 바뀌고 정월이 되면 우체국은 새해의 금융사업 목표 달성을 위해 전 직원이 비상이 걸린다. 전체 주민 수가 5천명이 채 안되는 데다가 한 겨울에는 날씨 때문에 바다에서의 조업도 거의 올 스톱 상태여서 혹 거리에서 지인을 만난다 해도 선뜻 보험 한 건 들어달라는 얘기를 꺼내기가 쉽지 않다. 게다가 도대체가 사람 만나기가 가물에 콩 나는 것보다 더 드문 게 현실인데 그 이유인 즉 우체국 사정을 손금 들여다보듯 잘 아는 주민들이 우체국 사람들을 만나기가 부담스러워 특별히 볼일이 없는 한 아예 두문 불출, 돈이라도 좀 생겨서 직원들에게 보험을 들어 줄 수 있을 때까지 거리에 나오지 않는다는 것이다.

오죽하면 우리들이 각자 아는 분들에게 전화를 걸어 보험에 가입하지 않아도 좋으니 부담 갖지 마시고 평소처럼 자유롭게 생활하시라고 권하기까지 하겠는가?

그러다가 며칠 날씨가 좋아서 조업도하고 인천에서 활어 수집선도 와서 돈이 생기면 환한 얼굴로 우체국에 나와, 그것도 창구에 근무하는 사람들에게 한 건씩, 그리고 이층 서무계 사람들에게 까지 일부러 찾아 올라와서 계약을 하는 것이다.

눈물겨운 미담이 아닌가. 이와 같은 일들이 모두 우리의 친절

봉사에 대한 그분들의 보답이라고 생각하지는 않는다. 그보다는 천성적으로 착하고 남을 배려할 줄 아는 주민들의 심성에 기인하는 것임에 틀림없지만 그렇다 하더라도 평소 우리가 그분들의 기대에 부응할 수 없을 만큼 불친절했다면 도저히 이루어질 수 없다는 생각에는 변함이 없다. 우리의 친절과 그분들의 선량한 마음씨가 하나의 접점에서 만남으로써 만들어낸 아름다운 정경인 것이다. 씨를 뿌리고 열심히 가꾸면 열매는 반드시 맺히게 마련인 것이다.

6. 환상적 친절봉사 사례

★ 아주 소중한 예금처럼 고객의 사랑을 저축하라.
★ 지출을 억제하면서 빈틈없이 저축하고 때로는
★ 예기치 못한 서비스라는 보너스를 지불하면서
★ 잔고를 항상 플러스로 만들어 두어라.

◎ 벤치 마킹의 목표선
- 무엇이 문제인지 파악한다.
- 그 문제를 해결하는데 가장 적절한 기업(타 기관)을 선정한다.
- 그 기업을 방문하기 전에 목적을 확실히 정한다.
- 실제로 방문해서 학습한다.
- 결과를 정리한다.
- 배운 것을 자기 부서에 적용 실행한다.
- 벤치마킹을 한 상대에게 개선 결과를 보여준다.
- 1~7까지를 반복한다.

완벽하고 환상적인 친절 봉사의 구현을 위하여 노력하는 과정에서 빼놓을 수 없는 일이 있다. 모범적인 타 기관의 실태를 배우고 연구하는 것이다.

흔히 벤치 마킹(benchmarking)이라고 일컫는 경영 기법의 하나가 이에 해당한다.

벤치 마킹은 어떤 기업이 목표달성을 위해 설정하는 측정기준으로 미국에서 처음 도입 · 응용되었다.

미국의 기업들은 상위권에 있는 경쟁사의 1인당 매출액, 노동비용, 생산성 등 구체적인 경영지표를 산출하여 기준으로 삼고 그 수준에 도달하거나 능가하기 위하여 업무 개선에 힘을 쏟는다. 이때 어떤 항목에 초점을 맞추는가가 중요한데 자사의 생산 품목이나 가치관, 지역적 여건이나 시장 조건 등을 고려하여 최적의 항목을 선정해야 한다.

미국 기업들은 리 엔지니어링(Reengineedring), TQC. 권한 이양. 숙련도에 의한 임금체계 조정과 같은 새로운 경영기법을 도입, 운용하고 있다.

다만 위에 기술한 항목들은 현대 기업이 거의 공통적으로 채택하여 역점을 두는 것으로서 기업간에 특별한 차이가 존재할 수 없으며 따라서 조직 구성원의 가치관이나 행동양식의 변혁을 통한 고객 만족을 얼마나 환상적으로 이루어내느냐가 성패의 관건이라는 것이다.

본 절에서는 우체국이 아닌 다른 기관이나 그 직원들이 하고

있는 환상적인 사례를 통하여 우리의 좌표를 가늠해 보고 시사
점을 찾아보기로 한다.

(1) 삼성 서울 병원

강남구 일원동에 위치한 삼성 서울 병원은 우리나라 굴지의
종합 의료센터이다. 외래나 입원치료를 직접 받거나 가까운 이
의 간병이나 병 문안을 위하여 그곳에 가본 일이 있는 사람이라
면 그 시설의 깨끗함과 의료진의 친절한 서비스에 감동 받은 경
험이 있을 것이다.

a. 시설 관리 측면

'약품 냄새가 나지 않는 병원' '호텔 같은 병실' 입원 환자나
간병인들이 흔히 하는 얘기이다. 청소나 환기가 잘된 상태에 대
한 당연한 반응이라 할만큼 깨끗하고 쾌적한 환경을 유지하기
위하여 4000명이 넘는 병원 직원들은 세심하고도 정성어린 노
력을 기울이고 있으며 한 예로 병실의 조명기구에 끼인 먼지까
지도 매일 닦아내서 환자가 맑은 공기를 호흡할 수 있도록 세심

하게 배려하고 있다.

b. 간호사의 헌신적 친절 봉사

내가 직접 경험한 암 병동 간호사들의 사례를 보자.

입원 치료를 받고 있는 암 환자들은 대부분 오랜 투병생활로 신경이 날카로워져 있게 마련이고 검사용 혈액을 채취하거나 링거투약을 위하여 상시적으로 혈관 주사를 맞아야 한다.

주사를 놓을 때마다. 약해져서 잘 나타나지 않는 혈관을 찾는 일로 한바탕 홍역을 치르게 되는데 두세 번에서 많게는 대 여섯 번까지 주사바늘을 찌르고서야 겨우 혈관을 찾아내는 게 보통이다. 이때 고통스러운 나머지 대부분의 환자가 짜증을 내게 되고 "뭐 이런 간호사가 다 있어. 다른 사람으로 바꿔요!" 하고 화를 내기 일쑤다.

고통스러운 환자의 입장을 모르는 건 아니지만 곁에서 보는 사람이 무안할 지경이다. 헌데 정작 무안을 당한 간호사는 얼굴 표정 한번 변하는 일없이 미소를 띤채 죄송하다고 사과하고 다른 사람을 부를 테니 잠시만 기다리라고 미안해 하는 것이다.

'입장을 바꿔 환자의 아픔을 자신의 아픔으로 받아들이고 사랑과 연민으로 감싸려는 따뜻한 마음이 없고서야 어떻게 저리도 상냥하고 자상할 수 있을까?' 나는 간호사를 가리켜 백의의 천사라고 하는 말이 그냥 하는 소리가 아니라는 것을 실감할 수 있었다. 그러면서 가끔 드라마 등에서 간병인이나 문병차 방문한 사람이 '나도 아파서 여기 입원했으면…' 하는 엉뚱한 꿈에 젖는 모습을 묘사한 데목이 완전한 허구만은 아니라는 생각을 했다.

c. 내부고객 반기기 캠페인

고객만족을 위한 그들의 노력이나 실상을 다 거론하려면 한이 없거니와 그들이 그토록 환상적인 서비스를 할 수 있도록 만든 전제로서의 내부고객 반기기 캠페인을 소개함으로써 그에 대신코자 한다.

다음은 삼성의료원의 내부고객 만족의 행동지침이다.

내부고객 반기기 캠페인

1. 먼저 인사하기
가. 고미안 운동(고맙습니다. 미안합니다. 안녕하십니까?)
나. 전화 용건 + 안부 묻기
다. 호칭 붙여 인사하기(안녕하십니까? OOO님)

2. 얼굴 익히기
가. 직원 얼굴 익히기(비디오 사진 활용 - 직원이 4000명을 넘는 상황을 상기하라)
나. 자기 소개 먼저하기(안녕하십니까? OO과 OOO입니다.)
다. 누군지 알고싶어하기(선생님은 어디에서 근무하세요?)

3. 관심 갖기
가. 방문 직원에게 용건에 맞춰 인사하기
   (차트 찾아주기, 필요한 정보 나누기, 의료진과 연계하기, 환자에게 안내하기)

4. 직원 높여 주기
가. 간단한 눈 맞춤, 목례로 직원 알아주기
나. 소개 직원에 대하여 생색 내주기(OOO님으로 부터 말씀 잘 들었습니다. 그분이 존경하는 분이라고 칭찬이 자자하셨습니다. 등)

5. 칭찬하기
가. 친절한 내부 직원에게 감사표시하기
   (Thanks letter, small talk - 잠시 만나고 헤어지는 짧은 순간에 대화를 나누는 것)

한 의료기관이나 그 종사자들의 친절 봉사는 일반 기업의 그 것보다 훨씬 의미 있는 일이라 생각된다. 그들이 고객으로 상대 하는 사람들이야말로 세상에서 가장 여리고 불행한 사람들이다.

자신의 생명 안위에 대하여 절대적 영향력을 가지고 있는 의 료진에게 환자나 그 가족들이 가지고 있는 느낌이란 설령 어느 정도 불친절하다 하더라도 일일이 따져 불평하거나 시정을 요구 할 만큼 여유롭지 못한 것이 사실인 점에서 그러하다. 그런 만큼 그들의 친절은 더욱 값지고 치료나 안정에 절대적으로 필요한 것이다.

(2) 일본의 장어구이집

일본 도쿄 도심의 장어구이집의 특별한 고객 서비스는 우리 나라의 메스컴에도 소개될 만큼 유명하다.

대부분의 일본 자영업자들이 그러하듯 몇 대째 가업으로 내 려오는 이 식당에서는 구운 김으로 장어를 싸먹게 되어 있는데 그 맛이 탁월할 뿐만 아니라 주인에서부터 종업원들에 이르기까 지 전 직원의 친절이 남달라서 입 소문을 통한 고객 증가가 가히 폭발적이었다.

아침 일찍 사장이 직접 시장에 나가 최상품의 장어를 구입하고 김을 포함한 부식 재료도 엄선 구입하여 영업에 임함으로써 고객이 증가하게되자 새로운 문제가 발생했다.

자기 식당을 찾는 고객들이 자리를 잡기 위하여 줄 서서 기다리는 것이 안타까운 나머지 입구에 안락한 대기실을 만들고 그 곳에서 감미로운 실내악을 연주케 하여 기다리는 동안 지루한 줄 모르고 음악을 감상하게 하는가 하면 쌈용 김에 몸에 좋은 칼슘액으로 "저희 업소를 찾아 주셔서 대단히 감사합니다."라는 글을 새겨 고객을 감동시켰다.

이는 고마운 마음과 필수 영양소를 동시에 제공하는 아이디어로서 진정한 의미의 친절 봉사였던 것이다. 고객의 반응이 어떠했으리라는 것은 굳이 설명이 필요 없다 하겠다.

여담이지만 사장은 김 위에 칼슘으로 인쇄하는 기술을 특허 받았는데 그야말로 기발한 아이디어였기 때문에 수많은 요식업소에서 로얄티를 지불하고 그 기술을 전수 받기에 이르러 나중에는 식당의 매출을 훨씬 능가하는 수입을 창출했다고 한다.

값싼 재료나 부정식품을 사용하여 음식을 만드는가 하면 1인분은 메뉴에만 있을 뿐 판매하지 않는 등 고객을 단순한 돈벌이의 대상으로만 생각하는 우리 나라의 대다수 음식점들이 배워 실천해야 할 소중하고도 시급한 교훈이 아닐 수 없다.

(3) 베시 센더스

『고객 서비스의 신화』의 저자인 베시 센더스는 미국의 의류 전문 판매 회사인 노드 스트롬사에 18세의 나이로, 그것도 한 코너의 판매담당 파트타이머로 입사하여 18년만에 그 회사의 부회장이 된 그야말로 전설적인 여성이다.

될성부른 나무는 떡잎부터 알아본다고 했던가? 그녀는 처음 입사했을 때부터 남다른 면모를 보여줬다.

어느 날 그녀의 매장에 남루한 입성에 나이가 60정도로 보이는 여인이 왔다.

그 여인은 고급 의류가 진열된 행거 앞에 멈춰선 채 머뭇거렸다. 그녀의 행색으로 보아 한 벌에 천 달러가 넘는 고급 의류를 살 사람이라고는 누구도 생각할 수 없었다.

그러나 센더스는 반가운 미소를 띤 채 그녀에게 다가가 마치 단골 고객이라도 응대하듯 싹싹하게 말했다. "어서 오세요. 어떤 디자인을 좋아하십니까?" "색깔은 어떤 걸로 하실까요?"

　"사이즈는 다양한데 참, 한번 입어 보시겠어요?" 하면서 그야말로 시녀가 공주나 여왕을 모시듯 친절하면서도 부담스럽지 않게 서비스를 베풀어 결과적으로 그녀로 하여금 몇 벌의 옷을 사게 했고 이후 단골손님으로 만들었던 것이다. 차림새가 남루했던 그 노부인은 실은 돈 많은 상류층의 부인이었던 것이다.

　일은 거기서 끝나지 않았다. 우연히 그 매장 옆을 지나던 인근 교회의 목사가 센더스의 고객 응대에 감동을 받은 나머지 교회 신도들에게 센더스의 봉사 정신을 헐벗고 굶주린 사람들에게 보여준 예수님의 행적에 빗대어 설교함으로써 일약 유명한 친절 봉사의 본보기가 되었던 것이다.

　케롤린 크로포드라는 이 목사가 센더스의 친절 봉사에 접하게 된 동기가 아주 극적이다.

　자신이 쇼핑하기 위해서 매장으로 가고 있는데 웬 거지차림의 노인이 한 발 앞서 가고 있는 게 보였다. 목사는 '틀림없이 종업원의 제지를 받고 내침을 당하리라' 라는 생각으로 만약 그런 사태가 발생하면 자신이 나서서 그 노부인을 위로하여 상처 받지 않게 해야지, 라는 그야말로 목회자적 사명감을 가지고 뒤따라갔다가 뜻밖에도 위에서 본 환상적인 장면에 맞닥뜨린 것이었다. 얼마나 큰 감명을 받았으면 그 내용을 설교의 제목으로 삼았겠는가?

말쑥하게 차려 입었거나 대형 고급 승용차를 탄 사람이 아니면 제대로 대접해 주지 않는 풍토 때문에 셋방에서 살면서도 외제차를 몰아야 한다고 푸념하는 우리나라의 세일즈맨들을 생각할 때 센더스의 성실하고 차별 없는 봉사태도야 말로 고객만족을 염원하는 우리에게 소중한 귀감이라 아니할 수 없다.

(4) 카메라 매장의 극명한 대조

역시 85년 일본에 갔을 때의 일이다. 카메라 한 대를 사기 위하여 전자 상가에 들어갔다. 니콘사 제품이 적당하다는 동료의 조언을 듣고 모델 넘버를 적은 종이를 들고 갔는데 마침 그 점포에 해당 제품이 없는 것이었다. 별 생각 없이 다른 점포로 가기 위해 나오려는데 주인인 듯한 중년 사내가 곁으로 다가와 정중하게 인사하며 하는 말, "손님, 정말 죄송합니다. 모처럼 저희 점포에 와 주셨는데 하필이면 원하시는 제품을 구하지 못하시다니… 언제쯤 다시 오실 수 있으신지요? 아니면 주소를 말씀해 주시면 택배로 보내드리도록 하겠습니다." 하는 게 아닌가? 그 태도가 어찌나 진지하고 간절한지 마치 큰 죄라도 지은 사람 같아서 되려 내가 미안할 지경이었다. 결국 나는 그냥은 돌아서 나올 수 없다는 생각에 한 단계 값이 비싼 다른 제품을 구입하였고 그는 그런 내게 몇 번이고 고맙다고 말하며 원래 사려고 했던 제품의 값(2000엔 정도를 할인하여)만 받고 물건을 넘겨주었다.

　18년이 지난 지금도 잘 쓰고 있는 Nikon tw2D인 카메라는 34000엔이었는데 당시 환율 3.5 : 1로 환산하면 우리 돈 약 120,000원이었다. 출장에서 돌아와 우리나라에서는 같은 형의 제품을 얼마에 판매하고 있을까 알아보고 싶은 충동이 일어 중앙우체국 앞 지하상가에 갔다. 물건을 사지도 않을 것이면서 가격을 알아본다는 것이 조금은 망설여지기도 했지만 환율과 관세, 그리고 적정 이윤을 붙여 어느 만큼의 판매가격이 형성되었는가가 몹시 궁금했고 그걸 기준으로 역산하여 내가 일본에서 산 가격은 과연 적정한가도 알고 싶었던 것이다.

손님이 그리 많지 않아 한가로운 가게 안으로 들어간 나는 정중하게 인사하고 죄송하지만 시장 조사를 위해 꼭 필요해서 그러니 잘 부탁드린다고 하면서 예의 니콘 카메라의 가격을 물었다. "십 칠만원인데요"

예상한 대로 퉁명스런 대답이 튀어 나왔다. 하지만 대답을 들을 수 있는 것만이라도 얼마나 고마운 일인가! 나는 다시 한 번 깊이 머리 숙여 고맙다는 인사를 하고 서둘러 유리문을 밀치고 나왔다. 그런데 내 등뒤에 대고 감추려는 기색도 없이 "미친 ○○, 쳇, 재수 없어!"하고 내뱉는 게 아닌가? 욱, 하고 치미는 바람에 돌아서 들어가서 한바탕 훈계하고 싶었지만 시치미를 떼거나 오히려 큰 시비가 될 것 같아 그냥 나오고 말았다.

자 어떤가? 한 번 들어온 손님이 주인의 극진한 친절봉사 때문에 그냥 나올 수 없도록 감동을 받아 다른 물건이라도 사야했던 곳과 미리 정중히 사정을 말했는데도 불구하고 차마 입에 담을 수 없는 욕설을 퍼부어서 다시는 그 가게에 가지 않겠다고 다짐하게 만드는 곳.

전자가 손님이 있으므로 점포가 있다고 생각하고 고마운 마음으로 최선을 다 함으로써 결과적으로 점포를 번창하게 만들뿐만이 아니라 그곳을 찾는 손님까지 기쁘게 하는 곳이라면 후자는 점포 주인만 있을 뿐 손님은 오직 그가 돈을 벌기 위해 존재하는 수단이라 여겨 함부로 대함으로써 제대로 돈을 벌지도 못하면서 손님에게도 불쾌감을 주는 곳임에 틀림없다.

가격 면에서도 두 점포는 극명한 대조를 이루고 있었으니 - 전자는 손님에 대한 배려로 2000엔을 할인 해 준데 비하여 170,000원이라는 값은 관세를 감안하더라도 폭리임이 틀림없는 가격이었다. 그리고 아마도 십중 팔구 밀수품이었을 것을 생각하면 더욱 그렇다.

(5) 동두천의 떡갈비집

동두천에 가면 ○○냉면집이라는 간판을 단 깨끗하고 아담한 식당이 있다. 이 집의 주메뉴는 냉면과 떡갈비인데 특히 소갈비를 다져 양념하여 구운 떡갈비가 맛이 있어서 언제나 손님이 붐벼 예약을 하지 않는 한 한참을 기다려야 겨우 자리를 잡을 정도로 유명한 식당이다. 이 집은 정갈한 식탁과 맛갈스러운 밑반찬도 밑반찬이려니와 주인을 비롯한 종업원들의 친절이 정평이 나 있는데 그러나 이 식당의 정말로 톡톡 튀는 특색은 따로 있다.

오늘날과 같은 물가고 시대에 술 한 잔하기 위하여 또는 가족끼리 외식을 하기 위하여 식당에 갔다가 갑자기 훌쩍 올라버린 음식값 때문에 가슴이 철렁 내려앉고 마치 사기나 도둑을 만난 것 같은 황당함을 느끼는 일이 심심찮게 많은데 이 식당이 보여주는 손님을 위한 배려, 그것은 정말 세심하고 곰살궂어 눈물 날 만하다.

다른 식당에 비해 5~10% 가격이 싼 데다가 불가피하게 가격을 인상해야할 때면 적어도 2개월 전에 미리 광고를 해서 고객들로 하여금 갑자기 지갑을 털리는 것 같은 느낌을 받지 않도록 배려하는 것이다. 요금 인상도 한꺼번에 20~30% 씩 하는 것이 아니라 아래의 광고문에서 보는 바와 같이 원래 가격의 5%를 넘지 않는, 그야말로 예방주사 효과를 충분히 할 수 있는 액수만큼만 올리는 것이다.

어떻게 하던지 값을 올려 단번에 한몫 잡으려는 게 우리나라

업소들의 일반적 경향인 점에 비춰 볼 때 재료비나 인건비가 올라서 어쩔 수 없이 음식값을 인상할 수밖에 없는 객관적 상황을 고객이 충분히 납득할 수 있는 경우에만, 그것도 이 개월이라는 유예 기간을 두고 소액 인상함으로써 고객이 충격을 받지 않고 식사를 즐길 수 있게 하는 마음 씀씀이, 이 얼마나 감동적인가? 이게 바로 고객 만족의 표본이라 할 것이다.

　다음은 그 식당에서 요금을 인상할 때 손님이 잘 볼 수 있는 벽면에 써 붙였던 사과문이라고 할 수 있는 안내문이다.

안내의 말씀

　항상 저희 식당을 찾아주시는 손님 여러분, 진심으로 감사합니다. 여러분의 따뜻한 사랑에 보답하고자 저희 전 종업원은 최고의 재료와 정성을 다한 조리, 그리고 친절 봉사를 지상 목표로 삼아 노력하고 있습니다.

그러한 가운데 유감스럽게도 한우 가격의 폭등과 각종 채소류 값의 인상으로 부득이 음식값을 올리게 되었다는 말씀을 드립니다.

　　고물가 시대를 살아가시면서 그렇잖아도 어려우신 손님 여러분께 또 하나의 부담을 지워드리는 것 같아 정말로 죄송합니다.

인상 내용

떡 갈비 1인분(250g) 12,000원→12,500원

냉면 한 그릇 5,000원→5,300원

인상 일시

00년 7월 1일 부터

00년 5월 15일

○○평양 냉면 식당 주인 ○○○ 외 직원 일동 드림

(6) 김영철 햄버거집

1,000원 짜리 스틱형 햄버거 집 주인 김영철씨를 모르는 고려대학교 학생은 아마 단 한 사람도 없을 것이다. 얼마 전 연말연시 특집으로 KBS 한국방송공사에서 입지전적 주인공으로 방영했기 때문에 고려대학교 학생뿐만 아니라 전국의 많은 사람들이 그를 알고 있으리라 생각된다.

그가 유명한 것은 학생들의 건강을 생각해서 국산 돼지고기와 무공해 야채만을 써서 햄버거를 만드는데 하루에 돼지고기를 자그만치 150근이나 소비할 만큼 많이 팔면서도 가게를 찾는 학생들 한 사람 한 사람을 친동생처럼 여겨 그냥 햄버거만 파는 것이 아니라 일일이 말을 걸고 근황을 묻고 작별인사를 하는 등 각별한 고객응대 때문이다.

그는 하나만 먹으면 점심을 때울 수 있는 맛있고 영양가 있는 음식을 만들어 팔아서 버는 돈으로 상당수의 학생들에게 장학금을 주고 있다고 한다. 그러나 더욱 놀라운 사실은 고려대학교 학생 3000명의 이름을 알고 있을 만큼 자상하며 어느 대학원생은 그의 경영철학을 주제로 논문을 썼다는 것이다.

고객을 돈벌이의 대상으로만 생각하고 어떻게든 값을 올려 폭리를 취하고 그것도 모자라 불량식품이나 원산지를 속여 부당이득을 올리다가 적발되는 사람들이 매일 같이 매스컴을 어지럽히는 오늘 같은 세태에 이 얼마나 시원하고 아름다운 일인가?

　이런 사람들이 많이 늘어나 우리 사회가 하루하루 살기 좋은 세상으로 바뀌어 갈 수 있기를 바라는 마음뿐이다.

　여기서 다시 한번 강조하고자 하는 것은 고객을 진정으로 고맙게 생각하고 그들을 위해 최선을 다하는 것이 결과적으로 고객의 사랑을 받아 돈까지 벌게 해준다는 사실이다. 돈을 좋아 안달복달한다고 해서 돈이 벌리는 것은 아니다. 돈을 의식하지 않는 가운데 돈이 저절로 따라오게 하는 것, 그것이 바로 고객 사랑이고 친절 봉사인 것이다.

> 비지니스 전체의 비용 가운데 최대 최악의 비용은 고객을
> 놓치는 것이다.

7. 잘못된 고객서비스의 예

기업이 고객을 놓치는 이유

1% 사망

3% 이사

5% 친구 친지의 영향

9% 라이벌 기업의 작용

14% 상품에 대한 불만

68% 종업원의 무관심한 태도

앞 절에서 환상적인 서비스의 사례를 살펴보았다. 일에는 양면성이 있는 법, 그 반대의 사례를 알아봄으로써 타산지석으로 삼는 것도 의미있는 일일터이다.

(1) K 우체국에서 목격한 불친절의 사례

내가 서울 체신청 국제과장으로 근무하던 1990년의 일이다.

송금할 일이 있어 아래층 우체국 영업과에 내려갔다. 마침 예금 창구가 약간 붐벼서 두세 명씩 줄을 서고 있었다. 한 곳을 골라 나도 줄을 섰다. 그때 바로 옆 담당자의 줄에서 문제가 일어났다.

맨 앞의 고객은 키가 약 160cm 정도인 40대 초반으로 보이는 남자였는데 그가 발돋움을 한 채 예금할 돈 뭉치를, 증거서나 서식을 넣어놓기 위하여 카운터 위에 설치한 높이 약 15cm정도의 아크릴 칸막이 위에서 떨어뜨린 데서 발단된 문제였다. 팔을 한껏 펼친 채 힘겹게 돈을 통장과 함께 떨어뜨렸는데 파속(杷束)이 안된 돈 뭉치가 위에서 떨어지는 바람에 와르르 쏟아지며 흩어졌던 것이다.

다음 순간이었다. 정말로 상상할 수도 없는 사태가 벌어졌다. 손님은 쳐다보지도 않고 자기 일만 하던 직원이 갑자기 고개를 빳빳이 세우고 도끼눈을 뜬 채 "이게 지금 뭐 하는 짓이에요?!" 하는 게 아닌가? 곁에서 보고 있던 내 가슴이 철렁 내려앉을 지경이었다. 도대체 저런 말투를 어떻게 손님에게 쓸 수 있단 말인가. 그런데 더욱 놀라운 일은 손님이 너무 놀란 나머지 마땅히 대응할 태세를 갖추기도 전에 그 여직원이 한술 더 떠서 "돈을 정중히, 거기 있는 용기에 넣어 주셔야지. 내가 당신의 하인입니까. 아니면 구걸하는 거지입니까, 내 참."하는 것이었다.

그 다음이 어떠했으리라는 건 아마 상상하기 어렵지 않을 것이다. 잠시의 충격에서 벗어난 손님이 반격을 개시했고 당초부터 손님의 반응 같은 건 안중에도 없었던 직원도 기세 등등하게 맞서 언쟁을 벌이는 것이었다.

어쩔 수 없이 내가 개입하여 먼저 손님에게 정중하게 사과하고 잠시 소파에 가 쉬도록 하고, 우선 그 손님의 일을 처리케 하여 그를 돌려보낸 다음, 그 여직원에게 손님을 맞는 자세에 대하여 간단히 일깨워 주려 했는데, 그녀는 좀처럼 자신의 잘못을 시인하려 하지 않았다. 고객만족의 기본이 안되어 있는 사람이었다.

내가 고객을 위하여 존재한다는 사실, 고객에게 봉사하기 위하여 국가에서 고용한 서비스 요원이라는 사실을 망각하고 고객 위에 군림하는 마음가짐이 없고서야 어찌 그런 태도를 보일 수 있단 말인가. 너무도 의외의 모습을 보면서 우리의 친절봉사 수준이 아직도 낮은 곳에 머무르고 있다는 사실을 뼈저리게 느껴야 했다.

(2) 어느 헬스클럽 관장의 오만

정년 퇴임 후 그 동안 소홀했던 건강 관리를 위해 가까운 헬스클럽에 3개월 회원권을 사서 등록하고 주 3일 정도 운동을 시작한 게 지난 2002년 12월이었다. 난생 처음 헬스클럽이라는 데를 갔기 때문에 그 안에 설치되어있는 각종 운동기구들의 사용방법을 몰라 다른 사람들이 운동하는 모습을 보면서 주저주저 기구 사용을 시도했지만 서투르기 그지없었다.

'누군가 초보자를 위하여 안내를 할 법도 한데…' 혼자서 중얼거리고 있는데 마침 사무실에서 등록할 때 보았던 관장이 나왔다. "처음인데 어떻게 사용하는지 좀 가르쳐 주시겠습니까?" 마치 죄라도 지은 사람처럼 기어 들어가는 목소리로 말했다. 그랬더니 "아, 네 처음 오셨군요. 뭐 특별한 건 없구요. 가벼운 것부터 자신의 체력에 맞게 서서히 하면 됩니다." 하고는 곧 바로 다른 곳으로 가버리는 게 아닌가? 황당했지만 그런 그를 쫓아가며 물어 볼 용기는 나지 않았다. 어딘지 모르게 조폭 두목 같은 분위기를 풍기는 그의 모습이 나를 주눅들게 했는지도 모른다. 그런데 진짜로 황당한 일은 그 다음에 벌어졌다. 내게 건성으로 말하고 서둘러 지나친 그가 바로 옆에서 스트레칭을 하고 있는 여자 고객에게 가서 보기에도 민망할 만큼 자상하고(?) 적극적으로 바디코칭을 하고 있었던 것이다. 허리면 허리, 다리면 다리, 아슬아슬한 부위까지 빠짐없이 만지면서… 그렇게 노골적인 방법으로 도움을 받으면서도 태연하게 운동을 하고 있는 여자가 이상하게 느껴질 정도였는데 며칠을 두고 지켜본 바 그건 아주 자연스러운 관례가 되어 있는 듯했다.

고객을 차별화 하는 것은 기업의 경영철학에 따라 있을 수 있는 일이다. 가령 단골 손님을 우대한다든지 아니면 은행 같은 경우 고액 예금자를 우대하는 식으로 말이다. 그러나 이곳의 차별은 그 어느 것에도 해당되지 않는, 다만 관장 스스로의 이상한 욕구 충족을 위한 성차별에 불과한 것이라고 밖엔 달리 해석할 수 없는 것이었다.

3개월 예약을 중도 해지 할 수 없다는 다분히 불공정한 계약 조건에 얽매어 당장 그만두고 싶었지만 어쩔 수 없이 주 삼일 정도 나가서 운동을 해야 했는데 정작 용납할 수 없는 처사는 다른 곳에 있었다. 점입가경이라 했던가. 관장이라는 사람이 클럽의 고객들을 어떻게 보느냐가 극명하게 드러나는 광고문(?)들이 소위 안내문이라는 이름으로 사방의 벽면에, 각종 운동기구 옆에 수없이 나붙어 있었으니… 그걸 일일이 다 소개할 수는 없지만 여기 몇 가지 대표적인 것만 소개하면 이렇다.

"조금 안다고 해서 다른 고객에게 가르치러 드는 것은 친절이 아니라 간섭이다." "혼자서 계속 기구를 사용하는 것은 신사도에 어긋난다. 운동은 신사도이다." "기구에 땀이 묻지 않도록 주의한다. 다른 사람을 불쾌하게 한다." 이런 경구들이 사방 벽면이나 운동기구 근방에 빼곡이 붙어있고 탈의실에는, 어랍쇼! "남의 물건에 욕심을 내는 것은 양심적인 사람이 할 짓이 아니다."라든가 물을 아껴 쓰되 세탁을 해서는 절대 안된다고 쓰여 있고 수건은 한 장씩만 쓰고 쓴 다음엔 반드시 사용한 수건 수거함에 넣으라고 되어있으며 정수기 앞에는 물자절약과 환경 오염 방지를 위하여 유리컵을 사용해야 한다면서 일회용 종이컵은 아예 비치해 놓지 않았다.

말은 거창해서 좋지만 그건 고객의 건강을 볼모로 경비 절감을 하겠다는 것이 아니고 무엇인가. 참으로 기본이 안된 사람이었다. 이게 어디 서비스 업소의 모습인가. 모르긴 해도 교도소의 감방이나 그 주변 복도에도 이렇게 노골적으로 모멸적인 경구를 붙여놓지는 않았을 것이다. 어렵사리 3개월을 채우고 그만 뒀지만 그 업소는 조만간 문을 닫게 되리라 여겨진다.

(3) 1인분은 팔지 않아요

목포우체국 근무 시절이다. 주말을 이용해서 집에 왔다가 승용차 편으로 임지로 돌아가는데 무안 근처쯤에서 점심시간이 되었다. 관사에 돌아가도 혼자인데다가 일찍 출발하느라 아침을 건성으로 때웠던 터라 배도 고파서 평소에 한두 번 찾았던 적이 있는 길가의 장어구이집으로 들어갔다. 메뉴를 볼 것도 없이 장어구이 정식을 주문하자 몇 인분이냐고 물었다. 나 혼자이니 일인분 아니겠느냐는 표정으로 하지만 조금은 미안한 마음으로 일인분이라고 말했다. 아무 말 없이 돌아간 게 불안했지만 그래도 안된다고 거절은 하지 않았으므로 기다리기로 했는데 한참을 기다려도 종무소식, 물 잔만 갖다준 채 아무런 기척이 없고 나보다 뒤에 온 손님들에게만 서빙을 하는 것이었다. 십여 분이 지났을까, 참지 못한 내가 지나가는 아가씨에게 왜 내겐 식사를 가져오지 않느냐고 따지듯 물었다.

"일 인분은 팔지 않는데요" 당연한 걸 가지고 무슨 말이냐는 표정이었다.

배가 고프면 사람은 날카로워진다든가? 도저히 참을 수 없게 화가 치밀었다. 지금껏 기다리게 해놓고 이제 와서 팔지 않겠다니, 이게 도대체 말이 되는 소리인가.

"아니 일인분을 팔지 않으려면 무엇 때문에 가격표에 표시는 해 놓았단 말이오? 그리고 처음부터 그리 말할 일이지, 배고픈 사람을 이렇게 마냥 기다리게 하고 나서 이제 와서 안 팔겠다는 게 무슨 경우란 말이오."했다. "우리 식당의 규칙이에요. 그리고 다른 곳도 다 마찬가지 잖아요?" 다 아는 걸 가지고 웬 투정이냐는 식이었다.

반사적으로 일본의 장어구이집이 생각났다. 하늘과 땅, 천당과 지옥의 차이가 아닌가? 그냥 있을 수가 없었다. 오지랖이 넓다고 핀잔을 듣더라도 다른 고객을 위해서, 아니 우리의 잘못된 식당 문화를 개선하기 위하여 내가 오늘 하루 점심을 포기하고 교육시켜야겠다는 생각으로 카운터로 갔다.

"일 인분 가격이 얼마라고 표시한 것은 손님에게 일인분을 팔겠다는 의사 표시임에 틀림없는데 그걸 어긴 것은 우선 자신을 기만한 게 됩니다. 내가 정당한 가격을 지불하고 식사를 하겠다는데 그걸 팔지 않는 것은 부당 행위에 속하며 도대체가 손님을 대접해야할 대상으로 보는 게 아니라 돈벌이의 수단으로만 보는 소치라고 생각하는데 그래도 되는 겁니까? 일인분에 자그만치 8,000원이나 하는데 말입니다.

자 한번 생각해 봅시다. 자장면 한 그릇에 얼마입니까? 2,000원입니다. 그런데 거기서는 일인분을 아무 조건 없이 팔고 있을 뿐만 아니라 배달까지 해 줍니다. 그렇다고 자장면 집이 무슨 자선 단체도 아니지 않습니까? 손님의 입장을 한번 생각해 보십시오. 배가 고파서 당신 식당에 와서 한끼 식사를 하겠다는데 그것도 구걸하는 게 아니고 값을 치르고 말입니다. 그런데 마치 걸인을 대하듯 냉대한다는게 말이나 되는 일입니까? 다른 건다 그만 두더라도 혼자 온 사람이 아무리 배가 고프더라도 이 인분을 먹을 수는 없는 일, 당신 식당에 온 손님이 음식과 함께 당신이 베푸는 포근한 사랑까지 덤으로 먹고 갈 수는 없다 하더라도 이런 식으로 장사하는 것은 결국 당신이 그토록 원하는 돈을 벌게 하기는커녕 손님을 손사래쳐서 쫓는 일이 될게 불을 보듯 뻔하다고 말할 수밖에 없습니다. 손님이 없는데 어떻게 식당이 존재할 수 있겠습니까?. 앞으로 달라지는지 어떤지 지켜보겠습니다." 이렇게 말하고 나서 톤을 좀 낮춰 예의 일본 장어구이집이 어떻게 세계적으로 이름난 명소가 되었는지에 대하여 얘기해 주고 그 집을 나왔다. 뒤늦게 음식을 내 올 테니 먹고 가라고 붙잡았지만 이미 반쯤 묶은 구두끈을 다시 풀 수 없었다. 무엇보다도 뒤틀린 속에 기름진 장어구이를 먹었다간 체할 것만 같기도 했다.

이외에도 고객으로서 불쾌했거나 미흡한 대접을 받아본 기억들이 있고 이 책을 읽는 독자 여러분들도 그런 기억이 필경 있을 것이다. 굳이 남의 잘못을 적시하여 여기 예시한 것은 이러한 사례들을 타산지석이나 반면교사 삼아 우리의 교훈으로 삼았으면 하는 바램이 있기 때문이다.

제6장 세일즈 기법

고객에게 봉사하는 것을 자신의 일이라고 생각하고, 그 신념으로
행동하면 고객은 반드시 보답한다.

환상적 고객만족을 위한 처방전

1. 경의
- '고객이 있기 때문에 비지니스가 존재한다'는 신념을 가
진다.
- '고객이 어떻게 생각할까?' '이것은 고객이 원하는 것일
까?' 하는 질문이 의사결정의 유일한 기준이라는 것을 종업
원이 철저히 이해하도록 한다.
- 고객에게서 오는 피드백, 컨설턴트나 서비스 담당자의 의
견, 데이터 베이스나 보고서로 올라오는 정보 등 모든 정보
를 수집, 분석한다.

2. 유연성
- 고객에게는 '마음대로 하세요.' 하는 식으로 대응하라.
서비스 보증 물품 보증 기타 고객만족 보증에 의미를 부여하
는 것은 유연한 대응에 달려있다. 고객이 기업의 규칙을 따
르느냐 따르지 않느냐는 문제가 되지 않는다. 규칙은 가능한
한 최소화하고 유연하게 요구에 대응하도록 한다.
- 현장 담당자가 의사를 결정할 수 없는 경우에는 그 원인
을 확인한다. 대부분 그 원인은 부적절한 지시에 있다.
- 현장 담당자에게는 고객 대응에 필요한 권한과 책임을 위
임하라. 고객은 필요 이상으로 많은 종업원을 대하지 않아도

될 때 좋은 서비스를 받았다고 느낀다. 일반 우편물을 접수하는 경우에도, 보험 신계약을 체결하는 경우에도, "걱정하지 마십시오, 제가 알아서 해 드리겠습니다." 하는 말만큼 마음 든든한 것은 없다. 반대로, 몇 사람에게 똑 같은 말을 되풀이해야 하는 것 만큼 화나는 일은 없다.

지금까지 어떻게 하면 우체국을 찾는 고객을 감동시킬 것인가, 그리하여 다시 찾고 싶은 직장을 만들 것인가에 대하여 알아보았다. 이로써 정지 작업은 어느 정도 마무리했다고 할 수 있다. 적어도 창구에 앉아서 찾아오는 손님들을 어떻게 맞을 것인가에 대하여는 말이다. 그런데 정작 우리가 이루어야 할 실제적 목표, 사업 성과를 높이기 위하여는 보다 직접적이고 적극적인 행동 지침이 있어야 할 것이다.

'부뚜막의 소금도 집어넣어야 짜다' 는 말이 있지 않은가?

본 장에서는 주로 밖에 나가 직접 고객을 상대로 영업활동을 해야하는 직원들이 갖춰야 할 세일즈 기법에 대하여 알아보기로 하자.

최상의 세일즈는 물건과 함께 마음과 사랑, 인격을 파는 것이다.

1. 세일즈에 대한 기본 자세

지금까지 논의한 것들이 모두 다 세일즈의 기본자세가 되는 것이지만 이 장에서의 기본 자세는 그야말로 실전적 의미의 기본 자세로서 창구에서나 외부에서 사업성과 거양을 위하여 직접 영업활동을 할 때 갖추어야 할 자세라고 할 수 있다.

잠재적 고객을 실제 고객으로 만들고 그 고객을 일회성이 아닌 단골 고객을 만들며 나아가 우군을 만들어 새로운 고객 창출에 힘이 될 수 있게 하기 위하여 우리가 지녀야 할 기본 자세에는 어떤 것들이 있을까?

첫째, 고객이 우리사업 성과 거양을 위한 단순한 수단이 아니라 우리 사업이 고객을 돕는 방편이 된다는 생각으로 임하고

둘째, 실패에 대하여 지나치게 두려워하지 말 것이며

셋째, 세일즈의 목표물인 상품(서비스의 내용 ; 제품의 특성 혜택 증거)에 대하여 완벽하게 이해하고

넷째, 전문가적인 자세를 잃지 않는다.(경청하는 자세 자신감 있는 자세 단정하고 예의 바른 자세)

(1) 고객은 우리가 사업운영을 통하여 혜택을 제공해야 할 대상이다

대부분의 세일즈맨들은(사업을 운영하는 업소도 마찬가지이다.) 고객을 자신이 돈을 버는데 있어서 필요한 단순한 수단이라고 생각한다. 물론 궁극적으로 그 생각이 틀린 것은 아니지만 입장을 바꿔놓고 볼 때 누가 남이 돈을 버는데 자신이 단순한 수단으로 전락하는 것을 달가워하겠는가? 더구나 당신은 공무원이다. 헌법이나 국가공무원법에 의해 국민에게 봉사하는 사람인 것이다.

따라서 목표 달성이나 성과 거양은 어디까지나 제 이차적인 명제이고 본래 목표인 봉사의 구현을 통하여 이용 고객을 기쁘게 하고 그 결과로서 얻을 수 있는 부산물이라 할 것이다. 그런데 재미있는 것은 성과 거양에 급급한 나머지 거기에 치중하는 것 보다 어떻게 고객의 욕구에 잘 부응할 것인가를 생각하며 열심히 노력하면 그 당연한 반대급부로서 자연스럽게 성과 거양이 이루어지고 그것이 선순환을 형성하여 고객과 당신, 또는 우체국에 모두 이익을 안겨주는 소위 윈윈 효과를 낸다는 것이다. 이

> 일 만번의 실패를 딛고 전구를 발명한 에디슨은 한번 실패할 때
> 마다 성공을 향해 한 발짝씩 나아간다고 생각했다.

원리는 앞서 예를 든 일본의 장어구이집이 좋은 본보기가 될 것
이다.

　오직 한목에 돈을 벌기 위하여 서비스는 뒷전이고 턱없이 폭
리를 취한다면 당장에는 수입이 오를지 모르지만 긴 안목에서
볼 때 누가 그런 식당에 다시 가려 하겠는가? 결국 망하고 말 것
이다.

(2) 실패를 두려워하지 않는다

　세일즈 전문가들이 조사한 바에 의하면 하나의 계약을 성사
시키기 위하여 평균 열 아홉 번의 거절을 당한다고 한다. 좀 더
자세히 말하면 20 : 5 : 3~1이라는 공식인데 20명의 잠재 고객
을 만나 상담하면 그 중 다섯 명 정도가 긍정적으로 반응하고 거
기서도 잘해야 세 사람, 확실하게는 한 사람 정도가 구매 계약에
응한다는 것이다. 얼마나 어려운 일인가. 이 열 아홉번의 거절을
지레 두려워하고 쭈뼛 쭈뼛하다가는 그 결과가 어떠하리라는 것
은 불을 보듯 뻔하다.

　한번의 거절을 당할 때마다 "아 이제 열 아홉번 남았군" "그
래 앞으로 열 여덟번만 계속하면 성공할 수 있어!" 이렇게 긍정

적으로 생각하는 것이 필요하다.

그런데 말이 쉽지 거절을 당할 때마다 좌절감을 느끼고 어깨에는 무거운 목표 달성에의 중압감이 짓누르는 상황에서 그런 여유를 가진다는 것은 보통의 심장을 가진 사람으로서는 견디기 힘드는 일임에 틀림없다. 자 여기서 한 가지, 바로 앞에서 지적한 고객을 돕는다는 기본 정신이 당신의 마음을 편안하게 하는 안정제 역할을 한다는 사실에 주목하기 바란다.

"내가 지금 힘들여 상품 설명을 하고 가입을 권유하는 것은 단순히 내게 지워진 목표를 달성하기 위한 것이 아니다. 나는 지금 고객의 삶의 질을 향상시키고 재테크를 안내하여 앞으로 그가 겪게 될지도 모르는 경제적 어려움을 슬기롭게 헤쳐 나갈 수 있도록 고객을 돕고 있는 것이다."라고 생각하는 것이다.

내가 아쉬워서 어려운 부탁을 했는데 거절당했다고 생각했을 때 좌절감이나 서운함을 느끼지 않는 사람이 몇이나 있겠는가. 거기 비하여 진심으로 돕겠다는 마음으로 권유했는데 그것을 받지 않겠다고 사양한다고 생각하면 다만 서운할 뿐 마음에 상처를 받을 만큼 좌절감을 느낄 필요가 없어지고 자연히 가벼운 마음으로 다음 고객에게 다가갈 수 있을 것이다.

(3) 상품(서비스)에 대한 완벽한 이해

세일즈맨이 자사 제품에 대하여 알아야 한다는 것은 너무나 당연하고 일반적인 얘기라서 강조한다는 것 자체가 이상한 일일 수 있다. 그러나 그냥 제품의 가격이나 사용법 사용상 주의사항 같은 그야말로 일반적인 사항을 아는 것으로는 부족하다.

보다 구체적이고 수요자가 관심을 가지고 있을 만한 것들에 대하여 언제 어디서나 논리적으로 설명할 수 있는 정보를 그것도 시의적으로 알맞는 정보를 확보하고 있어야 한다.

—이 이외에 다음 장의 민원 해결 사례에서 볼 수 있듯이 우체국 사업의 국가 경제적 특수성에 대하여 누구보다도 잘 알아야 하고 또 그러기 위하여 내 상품을 아끼고 사랑하는 마음을 가져야 할 것이다.

우체국 금융사업을 통해 조성된 자금은 곧 바로 국가 기간산업의 확충이나 사회 간접자본 건설, 그리고 정부의 특수 정책 수행을 위한 자금으로 활용됨으로써 국가 경제 발전에 기여함은 물론 매년 상당액을 일반회계에 지원하고 있다. 이는 우체국 금융에 가입하는 일이 우선 가입하는 고객 자신에게 경제적 이익을 가져오고, 다음으로 우체국 성장을 도우며 나아가서 국가 경제의 발전에 기여함으로써 일석삼조의 효과가 있다는 것이다. 이와같은 사실을 적극적으로 고객인 국민에게 알려 사업신장의 밑거름이 되게 해야 할 것이다.

a. 제품(서비스)의 내용

예를 들어 보험 가입일 경우 보장 내용, 계약기간, 가입 기피 직종, 실효나 해약의 경우 손실율 등 해당 보험 상품의 내용을 자세하게 알고 있어야 한다.

b. 제품의 특성

그 상품이 가진 특성은 무엇인가, 보장성 보험인가 저축성 보험인가, 가입에 있어서 특별한 제한이나 우대조건은 없는가, 타사의 유사 상품에 대하여 특별히 내세울 수 있는 장점은 무엇인가와 같은 특성에 대하여 알고 있어야 한다.

c. 제품이 가지고 있는 혜택은 무엇인가?

불입 보험료에 대한 세 감면 혜택, 일시납 불입에 대한 할인 혜택, 불입 보험료내의 대부 등 보험에 가입함으로써 계약자가 받을 수 있는 각종 혜택 또는 이점에 대하여 보장성 보험에 있어서의 보장 내용.

d. 사회적 증거

이 부분은 특히 중요하다. 사람들은 누구나 어떤 세일즈맨의 첫 번째 고객이 되는데 익숙하지 않다. 우리가 음식을 먹기 위하여 식당을 찾았을 때 겉으로 보기엔 그럴싸했는데 막상 들어와 보니 한참 붐빌 시간임에도 불구하고 제법 큰 홀이 텅 빌만큼 손님이 없다고 생각해 보라. 필경 다시 나오고 싶어질 것이다. 손님이 없다는 것은 음식 맛이나 친절 서비스 면에서 그 집이 문제가 있다는 반증이라고 생각하기 때문이다. 반대로 허술하게 생겼는데 앉을 자리가 없을 만큼 손님이 많다면 우린 선험적으로 맛이나 서비스, 둘 중 하나는 또는 둘 다 훌륭하다는 인상을 받게 된다.

이것이 심리학자들이 말하는 사회적 증거론이다.

보험에 있어서 특히 보장성 보험에 가입해 달라고 권유하는 사람에게 그가 잘 알 수 있는 사람 중에 그런 보험에 가입했다가 어려운 일을 당했을 때 큰 도움을 받은 사실에 대하여 설명해 줄 수 있다면 일시에 그의 망설임을 해소시킬 수 있을 것이다. 사람들은 조금 위험하거나 손해가 되는 길도 많은 사람들이 가면 안심하고 따라가는 경향이 있다.

(4) 전문가다운 자세의 견지

전문가다운 면모는 사업의 어느 과정에서나 필수적으로 갖춰야 할 기본 자세이다. 이러한 면모는 우선 고객에게 신뢰감을 주어 자신의 인생에 있어서 중대한 결정을 하는데 도움을 줄 수 있다.

a. 경청하는 자세

고객이 하는 말을 경청하는 것에 대하여는 이미 앞장에서 상술했거니와 여기서도 중요한 요소이다.

고객의 욕구나 현안사항을 파악할 수 있고 그 속에서 세일즈맨으로서의 대처방안을 도출할 수 있다.

b. 자신감 있는 자세

전문가로서의 자질을 갖추게 되면 자연히 자신감이 생기게 마련이지만 고객에게 신뢰감을 주는데 있어서 자신감만큼 중요한 것은 없다고 말할 수 있다.

고객의 질문에 요령부득으로 대답하거나 자주 동료나 상사에게 문의하여 대답하거나 대화 도중 시선을 고정시키지 못하고 안절부절 하는 모습을 보이는 것은 금물이다. 자신감을 갖기 위해서는 항상 공부하는 자세를 잃지 않고 자기 확충에 노력을 기울여야 함은 물론이다.

c. 단정하고 예의 바른 자세

사람들은 권위에 민감하게 반응한다. 권위는 그 사람의 인간됨됨이, 사회적·업무적 식견, 조직에 있어서의 지위 등에서 나오는 것이지만 그런 조건들이 동등하다면 외모에서 풍기는 인상이 큰 영향력을 가진다. 옷차림이 말쑥하고 단정한 사람에게 우리는 나도 모르게 정중한 태도를 취하게 된다. 한 예로 백화점의 고급 브랜드 의류 판매 코너에 허름한 옷차림을 한 사람이 접근했을 때 점원은 대개 그 손님을 거들떠보지도 않거나 응대한다 하더라도 건성이거나 차갑기 십상이다. 대형 자동차에 대한 우리 사회(사실은 우리 나라뿐만 아니라 동서양 어디나 거의 비슷하지만)의 환대, 바꿔 말해서 소형이나 경승용차에 대한 멸시풍조를 생각하면 단정하고 예의 바른 자세가 전문가다운 면모를 연출하는데 얼마나 중요한 관건인가를 짐작할 수 있을 것이다.

d. 책임지는 자세

자신감이나 전문가적 면모와도 일맥 상통하는 얘기이다. 우체국 창구에서 고객을 맞아 일을 처리하는 때에도 그렇지만 특히 외부에 나가서 영업활동을 하는 경우에 책임지는 자세는 절대적으로 필요하다. 집배원을 일컬어 움직이는 우체국이라고 하는 이유가 여기 있다 할 것이다.

고객은 당신을 개인적으로 잘 아는 사이라 하더라도 계약을
체결하거나 물건을 구매할 때 당신을 개인으로 보는 것이 아니
라 조직의 일원, 즉 우체국을 상대한다는 마음으로 임하는 것이
다. 따라서 당신은 고객의 그와 같은 믿음에 상응하는 책임감을
가지고 일을 처리해야 하는 것이다.

이와 같이 전문가적 자세를 잃지 않음으로써 고객에게 신뢰
감을 주고 그것을 바탕으로 사업 성과를 극대화하는 것이 세일
즈를 성공적으로 수행하여 고객에게 도움을 주고 조직에 보탬이
되며 당신 자신의 성장도 이루는 일석삼조의 효과를 얻을 수 있
다.

2. 네트워크 구성의 중요성

현대 세일즈는 네트워크라고 말 할 정도로 고객망을 확보 운
용하는 것은 당신의 사업을 성공시키는데 불가결의 요소이다.
뿐만 아니라 자연인으로서의 인생을 살아가는 데에도 네트워크

즉 인맥의 확보가 큰 도움을 준다. 각박한 세상을 살아가는데 당신이 확보하여 유지하고 있는 인맥은 든든한 우군으로서 역할할 것이기 때문이다. 말하자면 네트워크 형성이란 나를 좋아하는 사람들을 되도록 많이 확보하여 그들로 하여금 내편이 되게 하고 그러한 관계를 계속 유지하는 것이다.

네트워크 구성을 위해 유념해야할 일들을 알아보자.

(1) 상호성 원리의 이해

사람은 사회적 동물이다. 누구도 혼자서 세상을 살아갈 수 없고 서로 서로 영향을 주고받으며 살아간다. 인간 사회의 모든 분야가 다 그러하지만 특히 경제분야에서 이 상호성은 보다 근본적이고 확실하게 자리 매김하고 있다.

원시사회의 물물교환에서부터 현대의 국제무역에 이르기까지 획득과 공여에서 수입과 수출로 용어가 변했을 뿐 그 핵심에는 상호성이라는 원리가 엄존하고 있는 것이다.

이와 같은 상호성의 원리를 생각할 때 먼저 염두에 두어야 할 것이 있다. 다름이 아니라 내가 남에게 호감을 주는 좋은 사람이 되어야한다는 사실이다.

이 책의 앞부분에서 예를 든 벽난로나 지옥과 천당의 우화가 상호성의 원리를 잘 설명해 주고 있다고 할 것이다.

(2) 네트워크 확보 유지를 위한 일반 전략

a. 고객의 life style 파악

고객의 직업 가족관계 그리고 인생관이나 신념에 대하여 알 수 있다면 그와 가까워지고 그를 고객으로 확보하는데 크게 보탬이 될 것이다.

그러한 사항들에 대하여 공감을 느끼고 같은 방향을 바라볼 수 있다면 금상첨화이겠지만 그렇지 못한다 하더라도 적어도 상대를 이해할 수만 있으면 전혀 모르거나 무관심한 것보다는 훨씬 유리한 위치를 점할 수 있을 것이다.

b. 고객의 특별한 날에 대한 기억과 축하 의사 표현

생일이나 결혼 기념일 등을 기억해 뒀다가 그때 그때 축하의 메시지를 보내고 조촐한 선물을 보내 마음을 전달한다면 얼마나 고마워할 것인가?

그런 일을 차질 없이 하기 위하여는 메모하는 습관을 기르는 것이 중요하다. 사람의 뇌는 엄청난 기억용량을 가지고 있지만 안타깝게도 우린 평소 그 능력의 극히 적은 일부분만을 사용할 수 있다고 한다. 따라서 부족한 부분을 보충하기 위하여 메모가 필요하다.

c. 취미나 기호 파악

상대의 취미를 알고 있다는 것은 편안하고 자연스러운 가운데 막힘 없이 대화를 풀어나가는데 대단히 중요한 요소가 된다. 상대방의 관심을 유발시키고 호감을 자아내어 동료의식을 느끼게 하기 때문이다. 등산이나 각종 생활체육 그리고 독서나 영화 감상 여행 등 다양한 취미 활동에 대하여 서로 공감을 가지고 물 흐르듯 대화를 할 수 있을 때 고객이 느끼는 마음의 상태를 생각해 보라, 형제애라도 샘솟지 않겠는가?

d. 스스로 고객이 되어본다.

역지사지(易地思之)라는 말이 있다. 다른 사람을 이해하기 위하여 다른 사람의 입장이 되어본다는 얘기임은 우리 모두 다 아는 일이다.

고객의 마음을 이해하고 그의 욕구를 알기 위하여 직접 고객이 되어보는 것, 몇 번을 강조해도 지나치지 않을 것이다.

고객의 입장이 되어 보는 것 그리하여 서비스 하는 사람들의 행태와 마음 자세 그리고 노하우를 경험하여 내 것으로 이용하는 지혜를 어찌 가볍게 할 수 있겠는가?

고객의 입장에서 보면 크게 둘로 나뉘는 응대태도를 느낄 수 있을 것이다. 하나는 놀라울 만큼 친절한 응대로 감동을 받는 경우이고, 다른 하나는 반대로 너무 무뚝뚝하고 고답적이며 냉랭하여 두 번 다시 만나고 싶지 않은 경우이다. 그런데 의식적으로 고객의 입장이 된 당신에게는 이 두 경우가 다 좋은 교훈이 될 수 있다는 것이다. 훌륭한 응대태도는 그대로 배워 따르기에 좋고 나쁜 것일 때는 반면교사(反面敎師) 삼아 자신을 돌아보는 계기로 이용하면 되는 것이다.

1989년, 서울 체신청 국제과장 때의 일이다.

당시 새로 생긴 국제 특급우편 서비스가 큰 호응을 얻어 이용 고객이 폭발적으로 늘어났는데 특히 무역회사들이 집중되어 있고 사서함이 많은 서울중앙우체국에, 그것도 공항으로의 운송시각 관계로 오전 11시경부터 오후 1시까지 약 두 시간에 한꺼번에 손님이 몰리는 것이었다.

창구를 꽉 메운 고객의 우편물을, 그것도 제한된 시간 안에 처리하기 위하여 20여 명이나 되는 직원들이 그야말로 필사의 노력을 기울이는 한편 다른 부서에서 한 사람씩 차출하여 대처해 봤지만 역부족이어서 창구는 전쟁터를 방불케 붐비고 그러다 보니 고객만족이나 제대로 된 서비스는 엄두도 못 낼 지경이었다.

이 문제를 해결하기 위해서는 인원을 늘려야 하는데 대충 어림짐작으로도 최소한 현 인원의 배, 그러니까 20명 정도는 새로 충원해야 겨우 당장의 수요를 감당할 수 있을 것 같았다. 자, 단 두 시간 남짓 폭주 시간을 메꾸기 위하여 한 부서에 20명을 증원한다는 것이 어디 쉬운 일인가? 정도의 차이는 있을지 모르지만 전국의 주요 우체국에서도 비슷한 어려움을 겪고 있을텐데 그 수는 또 얼마가 될 것인가?

풀리지 않는 숙제를 안고 고심에 고심을 거듭하던 어느날 점심식사를 하러 체신청 가까이에 있는 한효빌딩 지하 식당가로 들어갔다. 인근에 관공서를 비롯한 직장이 많아 점심시간이면 어디나 만원을 이뤄 한참씩 기다려야 자리를 잡을 수 있었는데 요행이 빈자리가 생겨서 앉자 미성년자로 보이는 아가씨가 가슴에 '아르바이트 허지선'이라는 아크릴 명표를 달고 물 컵을 들고 다가왔다.

'그래, 저거야!' 내 뇌리에는 전광석화와 같은 아이디어가 떠올랐다.

"지선씨, 실례지만 근무시간은 몇 시부터 몇시이고 시간당 보수는 얼마인지 물어봐도 될까요? 우체국 업무상 필요해서 그러니 부탁할게요." 하면서 공무원증을 내 보였다.

"네, 시간은 11시부터 2시까지이구요. 단가는 점심 포함해서 시간당 2500원이에요."

"고마워요. 그런데 우체국에서 우편물 접수하는 일을 맡기로 하고 지금 여기서처럼 낮 3시간 일할 때 시간당 4000원을 준다면 자리를 옮길 생각이 있나요?"

4000원이라는 숫자는 얼핏 생각나는 것이었는데 식사를 제공할 수 없다는 것과 버스비 정도는 실비 보상해야 하리라는 속내가 담긴 것이었다. 당시 중앙우체국의 구내식당 식대가 700원이었고 버스비가 편도 300원이었으니까 이만하면 대충 합리적인 계산이라 스스로 생각되었다.

채용해 준다면 기꺼이 일하겠다는 기대 섞인 인사를 받으며 가벼운 발걸음으로 사무실로 돌아온 나는 '국제특급 접수업무 개선을 위한 파트타이머 채용계획'이라는 문서를 만들어 결재를 받는 한편 중앙우체국에, 인근 야간 고등학교 학생들을 대상으로 취업 희망자를 모집해 달라는 통보를 했다.

허지선 양이 친구 셋과 함께 응모하여 채용된 것은 말할 것도 없다. 우체국 최초의 파트타이머가 탄생하는 순간이었다.

폭주하는 업무 때문에 고객과 우체국이 함께 고통받는 현장을 보고 고민하는 가운데 스스로 고객이 되어 경험한 식당 주인의 아이디어를 배워서 유용하게 어려운 문제를 타개한 예이다.

이와 같이 고객이 되어보는 것은 고객의 마음을 이해하는데 좋은 공부이자 문제를 해결하는 열쇠가 되는 것이다.

3. 위기를 기회로 - 임기응변 능력 배양

위기(危機)라는 말에는 그 자체 위험과 기회를 내포하고 있다. 사람이 살아가는데는 간간이 위기가 다가오게 마련이다. 이런 위기를 어떻게 헤쳐나가느냐가 그 사람의 성패를 가름한다. 세일즈맨에게도 그런 위기가 찾아온다. 이유를 알 수 없는 채로 영업활동이 지지부진하고 애써 맺었던 계약이 철회되는가 하면 반품이 늘어나는 등 생각만 해도 의기소침해지는 슬럼프가 있게 마련이다.

이런 때 어떻게 할 것인가? 그냥 좌절하고 괴로워만 할 것인가? 그렇지 않다. 위기는 기회일 수도 있지 않은가. 조용히 마음을 가다듬고 지금까지의 세일즈 방식에 문제는 없었는가 되돌아보고 새로운 돌파구를 모색하는 여유를 갖는 게 필요하다.

여기서는 필자가 직접 겪은 위기를 극복하기 위하여 실시한 사례 두 가지를 소개하도록 하겠다.

(1) 금융사업 일반에 대한 고객들의 부정적 생각을 사업 홍보의 기폭제로

1983년 7월, 당시 우체국에서는 일단 농협에 넘겼던 금융사업을 다시 시작하여 어려운 사업 기반 확충에 심혈을 기울이고 있었다. 5월에 임관하여 교육을 마치고 마산우체국 업무과장으로 보직 받은 나는 승진의 기쁨을 느낄 틈도 없이 우리 마산우체국이 부산청 28개 감독국 중 보험 모집 실적 최하위라는 암담한 현실의 벽 앞에 마주선 자신을 발견하였다. 게다가 내부적으로 주무 부서인 우리 업무과의 실적, 그것도 가장 큰 조직인 집배실의 실적이 다른 부서의 실적에 비하여 현저하게 낮다는 사실이었다.

인원 70명으로 우체국 전체의 거의 반을 차지하는 집배실의 목표 달성도가 30%를 밑돌고 무실적자가 10명을 넘는 그야말로 최악의 상태였던 것이다. 도대체 무엇 때문일까? 원인을 알아보기 위하여 과 회의를 열었다.

회의를 통하여 도출된 공통적인 이유라는 것이, 다름 아닌 과거에 그런대로 잘 나가던 국민생명보험 계약이 우체국에서 농협으로 이관된 후 대부분 실효되어 막대한 손실을 입었기 때문에 보험에 대한 인식이 극도로 나빠져서 말도 못 꺼내게 하고 심지어는 멱살잡이를 당한 사람도 있다는 것이었다.

　우리가 잘 아는 바와 같이 국민생명보험은 소액 보험으로서 체신부가 생기면서부터 있어온 제도였다. 전국적으로 분포된 점포와 방대하고 친근한 이미지의 집배원들에 의하여 꾸준한 성장을 이루는 가운데 국민들로부터 사랑을 받아왔던 게 사실이었다. 그러던 것이 통신 사업에 전념한다는 국가 시책에 따라 금융 사업을 제이금융기관인 농협으로 이관했던 것인데 82년 전기통신 부문을 따로 떼어 한국전기통신공사로 이관하고 나서 앞서 말한 전국적인 네트워크와 이관 후 약간은 여유가 생긴 경험 많은 직원들을 이용하여 당시 시급히 요구되었던 국민 저축을 확충하기 위한 골육지책으로 다시금 원상복귀가 이루어졌던 것이다.

　그런데 농협이 이관 운영하던 10여년 동안 기존의 계약들이 너무 소액이라는 이유로 소홀히 다루는 바람에(실질적으로 상대적으로 높은 그들의 인건비에 비추어 볼 때 소액 보험이 수익보다는 손실을 가져오는 애물단지였으리라는 것은 그리 어렵지 않게 짐작할 수 있다.) 많은 실효가 나고 재계약도 차질을 빚어 보험에 대한 일반 국민들의 이미지가 좋지 않았던 게 사실이다.

자, 이 얼마나 엄청난 난관인가? 이대로 방치했다가는 이 지역에서의 금융사업 특히 보험사업은 그 기반부터 무너져 내릴 것이 아닌가? 나는 담당 과장으로서 실로 앞이 캄캄할 만큼 위기감이 느껴졌다. 그렇다고 마냥 한숨만 쉬고 있을 수도 없는 일, 며칠동안 머리를 싸매고 궁리한 끝에 하나의 묘안을 생각해 냈다. 바로 위기를 기회로 바꿔 보자는….

그렇다. 금융이 다른 기관으로 넘어가게 된 사유를 설명하고 다시 우리가 넘겨받아 시작할 수밖에 없는 절박한 국가 경제적 실정을 알리면서 본의 아니게 고객께 누를 끼친데 대하여 사죄하는 마음으로 최선을 다하겠으니 애정 어린 격려와 협조를 당부한다는 내용의 담화문을 작성하여 각 가정에 배달하고 보험을 모집할 때 그런 요지의 설명을 하도록 직원들에게 교육시켰다.

다음은 그때 만들어 배포했던 담화문 내용이다.

우체국 금융사업 재출발에 즈음한 안내 말씀

친애하는 마산 시민 여러분, 안녕하십니까?

평소 저희 우체국을 아끼고 사랑해 주신데 대하여 깊은 감사의 말씀을 드립니다.

지난 75년 저희 체신부에서는 국가의 신경망인 통신 사업을 보다 내실 있게 수행하기 위하여 그 동안 여러분의 사랑 속에 성장해 오던 체신 금융(체신 저축, 체신 보험, 대체 등)사업을 분리하여 타 기관으로 이관하였습니다.

그러던 중 지난 82년 전기통신공사 발족으로 전기통신이 분리됨으로써 약간의 인적 여유가 생기게 되었고 다른 한편 연평균 7~8%의 성장을 지속적으로 달성 유지시키기 위하여 GNP의 30% 이상의 국민저축이 필요하게 된 국가 경제 측면에서 볼 때 오랜 역사를 통하여 노하우를 쌓은, 30,000이 넘는 인적 자원과 전국에 고루 퍼져있는 우체국 네트워크가 갖는 이점을 살려 농어촌을 포함 전국의 유휴 자금을 간편하게 국민저축으로 전환시킬 수 있다는 두 가지의 이유 때문에 다시 우체국에서 금융사업을 수행하는 것이 좋겠다는 정책 결정이 이루어졌던 것입니다.

이리하여 금년 7. 1일을 기하여 우체국에서 다시 금융업무를 시작하게 되었습니다.

친애하는 시민 여러분, 여러분이 알뜰하게 절약하여 맡기신 저축이나 보험은 종전에도 그러했듯이 첫째, 여러분 가정의 경제적 꿈을 이루어 주고 어려운 일을 당했을 때 힘이 되어 주며, 둘째, 모아진 자금은 국가의 기간 산업과 사회 간접자본 확충을 위하여 쓰여짐으로써 나라의 경제 기반을 튼튼하게 하고 마지막으로 여러분이 사랑하는 마산 우체국이 발전하는데 밑거름이 되는, 실로 일석삼조의 역할을 하는 것입니다. 여러분, 본의 아니게 체신금융이 중단되고 우리를 떠나 있는 동안 불편과 손실을 끼친 점 진심으로 안타깝게 생각하오며 이제 다시 시작하는 것을 계기로 심기 일전하여 봉사코저 하오니 옛사랑을 다시 만난 듯 설레이는 저희들의 마음이 여러분의 배려와 협조 속에 활짝 꽃피울 수 있도록 도와주실 것을 간곡히 부탁드리면서 여러분의 가정과 사업체에 행운이 함께 하기를 기원합니다. 감사합니다.

1983. 8.
마산우체국장 ○○○ 드림

안내문 발송의 효과는 서서히 나타났다. 8월말 체신청내 실적 순위가 중간으로 오르고 무실적자가 단 두 사람으로 줄어든 것이다. 무엇보다도 그 동안 자신감을 잃고 침체되어 있던 집배실의 분위기가 확 바뀐 것이다.

(2) 때로는 선의의 거짓말도 필요하다

a. 여자 집배원의 경우

그런데 두 사람의 무실적자 중 한 사람이 오직 하나 뿐인 여자 집배원이었다. 내가 생각하기에 남자보다는 오히려 여자가 더 잘 할 것 같았는데 말이다. 그렇다고 그 집배원이 불성실하다거나 무능한 것은 결코 아니었다. 이상한 일이 아닌가? 나는 당사자에게 그 이유가 무엇이라고 생각하느냐고 물었다. 그의 말인즉 자기의 구역은 아파트 단지인데 특수 우편물을 제외하면 아래층 입구의 우편함에 우편물을 투입하는 것으로 배달을 마치기 때문에 도대체 사람을 만날 수가 없다는 것이었다. 듣고 보니 맞는 말이었다. 아파트라는 주거환경의 단절성과 비인간성을 생각할 때 충분히 이해가 가는 말이었던 것이다. 한꺼번에 많은 사람들이 모여 살지만 바로 앞 집이나 위 아래 집에 누가 사는지도 모르는, 극도로 개인주의화한 각박한 모습이 바로 아파트 단지의 특성이 아닌가. 점차로 늘어가는 아파트 단지를 생각할 때 이 또한 우리가 극복해야 할 중요한 현안 문제라는 생각이 들었다.

그러나 그런 근본적인 문제는 차차 연구해 나가기로 하고 우선은 코앞에 닥친 일을 해결하는 것이 급선무, 나는 약간은 정도를 벗어나는 일이지만 하나의 아이디어를 떠올리고 그녀에게 말했다.

"내일 배달을 나가면 관리사무실을 통하여 주민들을 모으고 작별인사를 하세요. '여러분 그동안 감사했습니다. 그런데 저는 집배원을 그만두게 되었습니다. 며칠 전 배달해 드린 안내문을 통해 알고 계시겠지만 우리 우체국에서는 지난 7월부터 금융 업무를 새로 시작해서 모든 직원들이 열심히 실적을 올리고 있는데 70명 마산 우체국 집배원 중에서 저만 아직 한 건의 실적도 올리지 못했거든요.

사실 국의 간부들은 제가 마산 우체국에 단 하나밖에 없는 여자 집배원으로서 다른 사람들 보다 훨씬 높은 실적을 올리리라고 기대하고 있는데 말입니다. 말씀은 아니하시지만 그분들의 생각은 제가 여러분들께 사랑 받는 집배원이 되지 못한다고 느끼실 게 분명한데 저 또한 유감스럽지만 같은 결론을 내리지 않을 수 없다는 말씀을 드립니다. 이 단지의 생활 수준이 다른 곳에 비하여 낮은 것도 아니고 특별히 저축이 불필요한 것도 아닐진데 이렇게 실적이 전무하다는 것을 다른 무슨 이유를 들어 설명할 수 있겠습니까?

여러분, 아파트라는 특수한 환경 때문에 직접 주민 여러분을 만나 정을 나눌 기회가 적었으나 저는 나름대로 최선을 다해 제 직무를 수행했다고 자부합니다. 그렇지만 결과가 이렇게 나타난 마당에 무슨 변명이 더 필요하겠습니까?

새사람이 배치되어 일을 익힐 며칠이 지나면 저는 아쉬움을 안고 조용히 물러나겠습니다. 앞으로 보다 친절하고 유능한 사람이 제 대신 여러분께 봉사하게 될 테니 기대해 주시고 그에게 여러분의 협조와 사랑을 베풀어주십시오. 그리고 여러분의 가정에 하느님의 가호가 충만한 가운데 행복하시기를 충심으로 기원합니다. 감사합니다. 안녕히 계십시오.' 라고 고별사를 하는 겁니다." "아니 과장님 그럼 제가 정말 그만둬야 한단 말입니까?"

깜짝 놀란 그녀가 울상이 되어 내게 물었다.

"아니, 걱정 말아요. 그렇게 말하면 분명 무슨 반응이 있을테고 설령 무반응이라 하더라도 며칠 경과를 본 다음 다른 구역으로 옮겨드릴 테니까."

서두에서 말했듯이 이건 정도는 아니다. 그러나 비록 진실은 아니더라도 고객이나 그 대상이 되는 해당 집배원 또는 우체국 어느 쪽에도 피해를 주지 않는 선의의 연출임도 또한 사실이다. 어쨌든 그 고별사 프로젝트의 효과는 대단했다. 고별사를 들은 주민들은 입을 모아 왜 진작 그런 사정을 얘기하지 않았느냐고 나무라고 어찌 우리가 하나밖에 없는 소중한 당신을 떠나보낼 수 있겠느냐며 너도 나도 구명운동(?)에 나서 그 이후 한 달이 채 못되는 짧은 기간에 그녀를 최고의 실적 거양자로 격상시킨 것이다.

위기는 기회를 몰고 온다. 다만 그것을 인식하고 최선을 다하느냐 하지 않느냐에 달려 있지만…

b. 농협지부에 직장보험 단체 보험을 가입시키다.

1972년 초, 전남 시종우체국에서의 일이다.

농촌지역의 경제가 침체되어 있기는 예나 지금이나 별반 차이가 없다. 우체국은 평소 한산하고 특히 금융사업은 농자금 융자나 금리의 차이 때문에 거의 농협을 이용하는 관계로 고전을 면치 못하는 실정이었다. 이러한 어려움을 타개하기 위하여 전단을 만들어 집배원을 통하여 가가호호에 배달하고 5일 장이 서는 날이면 장에 나가 조그만 단을 세우고 우체국 예금, 우체국 보험을 광고하는 등 나름대로 노력을 기울여도 효과는 신통치 않아 고민에 빠져 있던 어느날, 평소 친분이 있던 시종농협 참사와 술자리를 같이하게 되었다. 그도 역시 농협공제의 신계약 목표 달성 때문에 애를 먹고 있는 처지이다 보니 자연 금융, 그것도 보험에 관한 대화가 주가 되었다. 그런데 서로 자기네 상품이 우수하다고 우김질을 하다가 내게 갑자기 하나의 아이디어가 생각났다. "그래, 일본 사람들은 에스키모에게 냉장고를 팔아먹고 아프리카 원주민들에게 양말이나 신발을 판다지 않는가? 농협 간부에게 보험을 판매하는 것이다." 당시 직장보험이라는 상품이 있었는데 월 불입액 8,000원에 10년 만기로 계약 기간이 만료되면 1,600,000원을 보험금으로 지급하고 중도에 퇴직하더라도 상당액의 보상을 받을 수 있는 실로 파격적인 상품이었다. 오늘 날 저축성 보험의 경우 3년 만기 복지나 가계안정 보험에 가입해도 만기 지급금으로 소정의 보험금도 받기 어려운 저금리 시대에 비추어 보면 격세지감이 있거니와 당시로서도 직장보험은 타 상품에 비하여 월등한 저축성을 띠고 있었다.

몇 사람 중도 퇴직한 사람들의 보험금 수령사실을 예로 들면서 나는 그에게 열심히 직장보험의 우수성에 대하여 설명한 다음, (여기서부터가 포인트이자 백미이다.)

"그런데 내가 오늘 특별히 참사님을 뵙자고 한 것은 아주 중요한 정보를 제공해 드리기 위해섭니다. 말씀드리기 전에 한가지 다짐해 둘 것이 있는데, 오늘 나눈 대화의 내용에 대하여 비밀을 지켜 주십사 하는 것입니다. 그렇게 해 주시겠죠? 그렇게 알고 말씀드리겠습니다. 불입 금액의 160%가 넘는 보험금을 지급하는 상품인 직장보험은 원래 박봉에 시달리는 우리 체신부 직원들의 복지수단으로 만들었던 것인데 우리들 시골 출신 직원들이 같은 여건 하에서 농촌 경제 활성화를 위하여 애쓰시는 농협직원들에게도 혜택을 드려야한다고 건의하여 이번에 농 수 축협 종사자들에게 가입을 허용하는 조치를 한 것입니다. 하지만 아시다시피 너무 배당률이 높아서 손실이 많이 발생하는 관계로 더 오래 버티기는 우리 체신부로서도 어려운 일이므로 조만간 그 조치를 철회하게 될 것으로 예상합니다. 자, 사안이 이런 만큼 시간이 많지 않습니다. 결단을 내리셔야 합니다. 다시 한번 말씀 드리지만 특히 다른 기관에 근무하는 분들에게는 이 사실이 알려지지 않도록 유념해 주십시오, 그들이 섭섭하게 생각할 것이고 그렇게 되면 정부 기관간 갈등이 일어날 수도 있으니까요."

결론적으로 나는 그를 통하여 영암군 농협 직원들 132명을 직장보험에, 그것도 최고액 계약으로 가입시켜 그 해의 신계약 목표를 단번에 달성할 수 있었고 모집 수당도 짭짤하게 받았었다. 보다시피 위의 말 속에는 사실이 아닌 부분이 있다. 하지만 에스키모에게 냉장고를 팔 때, 있는 그대로만 말해서 과연 성공할 수 있겠는가? 다만 여기서 주의해야할 것은 상품의 근본 속

성이나 기능에 대하여 거짓말을 해서는 안된다는 것이다. 그것
과는 상관없는 것, 그리하여 진위 여부에 관계없이 고객에게 손
해를 끼치지 않는 범위 내에서 오직 그의 결단을 촉구하기 위하
여 조그만 테크닉을 사용하는 것, 이것이 노련한 세일즈맨이 갖
춰야 할 자질인 것이다.

제7장 서비스 마무리로서의 민원 해결

아무리 최선을 다한다 하더라도 전혀 민원이 일어나지 않을
수는 없다. 이 세상 사람들의 얼굴 모습이 제 각각이듯 사람들의
마음도 천차만별이기 때문이다. 게다가 제 5장에서 살펴본 바와
같이 우리의 잘못이 없을 때에도 민원은 일어날 수 있고 또 컴퓨
터의 발달도 민원을 증가시키고 있다.

예방이 최선이지만 일단 일어난 민원을 어떻게 악화시키지
않고 해결할 것인가가 고객만족의 마무리로서 중요한 이유가 여
기에 있는 것이다.

본 장에서는 필자가 40년간 근무하면서 경험했던 각종 민원
해결 실례에 대하여 소개함으로써 여러분의 업무에 참고가 될
수 있기를 바란다.

1. 솔직하게 책임지는 자세로 임하라

1964년 행정 서기로서 주사국인 진도 우체국의 업무담당을
맡고 있던 때의 일이다. 하루는 도착 우편낭을 개낭해 보니 반송

된 소포 하나가 나왔다. 그런데 소포의 외양을 보니 어린이 손바닥만한 크기로 불에 타서 구멍난 포장지 안쪽으로 체크무늬 모직 의류가 그것도 바스라질 만큼 눌은 채 드러나 보였다. 그 표면에 배달국인 서울 청량리우체국에서 붙인 부전지라는 것이 맹랑하게도 화재로 인하여 우편물이 손상된 채 도착되었기 때문에 배달할 수 없어 반송한다는 것이었다. 말하자면 주소 불명이나 수취 거절, 또는 이사간 곳 불명과 같은 발 수신인 측 귀책 사유가 아니라 우리측 귀책사유였던 것이다. 그리고 그 부전지의 어디에도 화재가 난 곳이 어디라는 정보는 없었다.

참으로 어처구니없고 또 난감한 일이었다. 불에 타서 배달할 수 없다면 반송은 어떻게 하라는 말인가? 필경 반송하면 변상 문제가 야기될텐데 책임은 누가 진단 말인가? 진도에서 청량리까지에는 최소한 목포와 철도 우체국이 중계한다고 생각되는데 지금 와서 책임 소재를 찾아 봐야 사후 약방문일 뿐 누구도 책임 지려하지 않을 게 뻔한 것을….

업무가 끝나고 모두들 둘러 앉아 구수회의를 해 봤지만 뾰쪽한 묘안이 떠오르지 않은 채 "그래도 업무담당인 자네가 갈 수

밖에 없으니 가서 잘 말씀드려서 반송하고 오게"라는 국장님의
지시를 받고 무거운 발걸음으로 발송인 댁을 방문했다. 그 댁은
제재소와 정미소를 함께 운영하는 상당한 재력가의 집안이었다.
대문을 들어서는데 자꾸만 주눅이 드는 걸 어쩔 수 없었다. 이처
럼 돈 많은 사람들은 어쩌다 마음씨 너그러운 사람도 있지만 대
부분 다른 사람의 입장 같은 건 아랑곳없이 자존심만 강해서 말
이 통하지 않기 십상이라고 생각하고 있었기 때문이었다.

다시 한 번 마음을 가다듬고 안채로 들어가 예의 주인과 마주
앉은 나는 먼저 정중하게 인사하고 내 소속과 성명을 밝힌 다음.
소포를 앞으로 밀어 놓고 방문 사유를 설명하기 시작했다.

그는 부자답게 두꺼비 상을 한 50대 후반으로 보이는 중년 남
자였다.

"선생님, 우선 대단히 죄송하다는 말씀부터 드려야겠습니다.
지난 번 저희 우체국에서 발송하신 우편물이 보시다시피 이렇게
돌아왔습니다. 부전지를 보면 어디에선지 화재가 났던 모양인데
그래서 배달할 수 없어 돌려보낸다는 것입니다. 선생님, 사고가
어디서 났건 이건 저희 체신부가 책임져야할 일입니다. 여기서

청량리까지 가는데는 몇 군데 중계를 거쳐야 하는데 아마 그 중
어디에선가 화재가 일어난 모양입니다. 청량리우체국으로서도
딱히 어디서 일어난 것인지 알 수 없었던 모양입니다. 일이 이렇
게 된 이상 결국 발송국인 저희 진도우체국의 책임일 수밖에 없
다고 생각합니다. 그리고 그것은 국장님을 보좌해서 업무 전반
을 총괄하고 있는 제 자신의 책임이기도 합니다. 정말 죄송합니
다. 내용물이 모직 치마인 모양인데 보수를 할 수 있는지 없는지
새로 구입해야 한다면 그 값이 얼마인지 저로서는 알 수 없으니
말씀해 주시면 거기 따라 제가 변상해드리도록 하겠습니다." 이
렇게 말하고 나서 마치 선고를 기다리는 범죄자가 된 기분으로
그의 말을 기다렸다.

실제로는 잠시였지만 내가 느끼기에 꾀 긴 침묵의 시간이 흐
른 뒤 실로 예상치 못한 말이 그분의 입을 통해서 나왔다. "주사
님, 정말 대단하십니다. 난 이 나이가 되도록 자신이 저지른 일
도 아니면서 이렇게 진심으로 사과하는 공무원을 본적이 없습니
다. 신선한 충격을 받은 느낌입니다. 걱정하지 마십시오. 나를
감동시킨 것으로 변상 받은 셈 치겠습니다." 내가 오히려 놀라

서 다음 말을 잇지 못하는 동안 앞에 놓인 소포를 해체하여 들여 다보면서(모직 치마는 직경 4~5cm 정도가 타서 구멍이 나 있었다.) 곁에 있던 막내딸인 듯한 여자 애에게 "애, 순옥아, 언니 곧 내려 올 텐데, 네가 다리미질하다가 태웠다고 해라, 만일 사실을 알면 아마 네 언니 성격에 우체국이 발칵 뒤집힐 테니, 응?" 하는 것이 아닌가. 그리고는 부인을 불러 술상을 들여오라고 이르는 것이었다. 이런 경우를 어떻게 표현해야 하는지 난 너무나도 고마운 그분을 40년이 지난 오늘, 그분이 세상을 떠난지도 20년이 훨씬 지난 이날까지 잊지 못하고 있다.

지금 생각해 보면 내가 친절봉사에 관심을 갖게 된 것이 바로 이 사건이 계기가 되지 않았나 하는 생각이 들만큼 초년병 시절의 이 경험은 내게 아주 중요한 좌표가 된 것이 틀림없다.

고객의 입장이 되어 일어난 일에 대하여 안타까워하고 책임지고 해결하겠다는 신념으로 임하면 아무리 어려운 일이라 하더라도 해결될 수 있다는 자신감이 그 때 내 마음에 자리잡게 된 것이다.

2. 부하를 아끼고 사랑하라

내가 사무관에 임관하여 마산우체국에서 첫 근무를 시작한 1983년 여름, 불볕 더위가 기승을 부리던 8월 어느 날이었다. 젊은 집배원 한 사람이 화가 난 표정으로 다가와서 엽서 한 장을 꺼내 내게 보이며 "과장님, 제가 잘못한 것은 사실이지만 이럴 수가 있습니까? 절도라니요. 자기 집 찬장에서 숟가락을 훔치다니, 너무 억울해서 못 견디겠습니다. 과장님께서 이제 오셔서 경황이 없는 가운데 계신데 죄송하지만 좀 도와주십시오."하는 것이었다. 엽서는 십만원 짜리 벌금 납부통보서였는데 우편계장과 본인을 통해 들어본 사연은 이러했다.

내가 부임하기 얼마 전 이원식(가명)이라는 집배원이 아파트 경비실에 배달했다는 소포가 분실된 사건이 있었는데 경비요원과 집배원 사이에 분쟁이 일어난 과정에서 결국 집배원이 책임을 지고 기미 제거 의약품인 그 소포 값 16,000원을 변상하고 일단락 되었으나 해결하는데 상당한 기간이 걸리는 사이 우편물

수취인이 집배원을 절도 혐의로 고발한 채 그냥 두는 바람에 경찰에서 소환해 조사하면서 마구잡이로 절도범으로 몰아 가는 걸 참지 못하고 반발하여 그것이 괴씸죄가 되어 검찰에 송치하고 검찰에서는 경찰 측 조서만 보고 벌금형에 처했다는 것이다.

사건의 전말을 나름대로 해석해보면 첫째 집배원 이원식은 우편물을 배달함에 있어서 지켜야 할 기본 규정을 어긴 잘못이 있다. 일반 우편물이 아닌 특수 우편물은 반드시 주소지를 방문하여 정당 본인임을 확인하고 수령증에 서명 날인 받은 다음에 우편물을 인도해야 한다는 규정 말이다. 수취인이 부재 중일 경우 경비실에 배달할 수 있지만 그 때에도 소정의 절차를 거쳐 증거를 남겨야 하는 것을 그냥 경비실에 두고 왔다는 것은 중대 과실이 아닐 수 없다. 그런데 그가 자신의 과오를 인정하고 손실을 실비 변상했으므로 절도자로 볼 수 없고 무엇보다도 자기 배달 구역에서 생긴 일은 자기가 책임을 저야 한다는 것을 누구보다도 잘 알고 있을 그가 자신의 우편물을 빼돌린다는 것은 상식적으로 있을 수 없는 일임에도 불구하고 경찰의 비과학적이고 사리에도 맞지 않는 강압적 취조에 의하여 그는 송치되었고 검찰

또한 앞에서 말한 바대로 앞뒤 생각 없이 벌금형을 부과한 것이다. 당시의 하위 등급 집배원 한달 봉급이 100,000원 정도였으니 말하자면 그는 한 달을 먹지 않고 살아야할 지경이었다.

나는 우선 장본인 집배원에게 그 자신이 저지른 잘못에 대하여 알아듣도록 나무라고 시말서를 제출하게 했다. 그리고는 지금 당장 수취인에게 가서 변상을 받은 것으로 일이 끝난 줄 알고 소 취하를 하는 걸 잊었을 뿐 처벌을 받게 될 줄은 몰랐으니 선처해달라는 요지의 의견서를 받아오라고 했다. 이튿날 그가 받아온 소위 탄원서와 벌금 납부통보서를 가지고 마산 지방검찰청 담당 검사를 찾아갔다.

수위의 안내에 따라 3호 검사실로 간 나는 그 방의 분위기에 약간은 기가 죽었지만 찾아온 목적을 생각하고 심호흡으로 마음을 가다듬고 나서 말문을 열었다.

"검사님, 결론부터 말씀드리면 한번 발부된 벌금 통보서를 무효화 할 수는 없을 터이니 벌금 중 가장 낮은 액수로 수정 부과해 주십사 하는 것입니다. 이 건은 당사자 이원식이 고분고분하지 않았다는 이유 하나만으로 경찰이 아무런 정상 참작 없이 이미 전액 변상한 사건을 절도로 몰아 검찰로 송치했습니다. 그의 말에 의하면 조사 과정에서 경찰이 자꾸만 절도로 몰아갔기 때문에 너무 억울한 나머지 좀 심한 반발을 했고 그것이 담당 경찰의 심기를 거슬렸던 모양입니다만 검사님도 이와 같은 정황에서 작성된 경찰 조서만으로 벌금형에 처한 것이라고 밖에 해석할 수 없습니다. 이 벌금과 변상금은 그의 한달 봉급을 상회하는 것으로 이것이 집행되면 그는 한 달을 무보수로 국가에 봉사한 꼴이 됩니다. 다시 말씀드려서 경찰의 감정적 대응과 검사님의 형식적인 일 처리 때문에 박봉에 고생하는 집배원이 한 달을 헐벗고 굶주리며 일해야한다는 것입니다. 게다가 이번 일로 그는 행정적 책임도 져야합니다. 검사님, 대단히 외람된 말씀입니다만 이와 같은 정황을 참작하시어 어려우시더라도 제 청을 물리치지 말아주실 것을 간곡히 부탁드립니다."

조금은 긴 내 말이 계속되는 동안 담당 검사는 묵묵히 듣고만 있었다. 난 사실 얘기를 하다보면 그 말에 취해 정신없이 변설을 늘어놓는 버릇이 있는데 이번에는 최대한 절제하여 요점만 전달하려고 노력했다. 다 듣고 난 그가 말했다.

"그런데 이 과장은 한 번 결재를 받아 시행한 부과행위를 수정 번복하기가 얼마나 어려운지를 알고 그런 말을 하는 겁니까?" "네, 물론 저도 압니다. 하지만 절차가 아무리 어렵더라도 그것이 인권에 관련된 문제라면 유연성을 가져야 한다고 생각합니다. 거듭 죄송합니다. 검사님의 입장이 몹시 난처하리라는 것을 모르진 않지만 약자인 집배원을 생각하셔서 용단을 내려주시기 바랍니다." 계속 굳어있던 그의 얼굴에 모종의 변화의 기색이 도는 것 같았다.

그리고 다음 순간 "나 사실 검사생활 20년에 부하직원의 일 때문에 검사를 찾아와서 일단 나간 벌금을 줄여달라고, 그것도 당당하게 말하는 사람은 이 과장이 처음입니다. 좋습니다 그 용기와 의리를, 아니 부하 사랑을 높이 사겠습니다. 우리 쪽 잘못도 있고. 그렇다고 아주 없앨 수는 없으니 검사장님께 말씀드려 5,000원으로 바꾸겠습니다. 됐습니까?" 하는 것이 아닌가? 나는 나도 모르게 벌떡 자리에서 일어나 고개를 깊이 숙여 고맙다는 말과 함께 인사하고 그의 두툼한 손을 두 손으로 움켜쥐고 연신 흔들었다. 사실 찾아오긴 했지만 이렇게 선선히 부탁을 들어

주리라고는 미처 짐작하지 못했었는데, 그의 넓은 도량에 내가
오히려 감동 받아 자꾸만 눈물이 나는 것을 어쩔 수 없었다.

3. 인간 五官의 부실이 일으킨 엉뚱한 사고

다섯 가지 감각을 받아들이는 사람의 기관이 오관이다. 시각
청각 후각 촉각 미각을 각각 눈, 귀, 코, 손 그리고 혀를 통해 느
낀다는 얘기인데 이와 같은 오관이 정교하면서도 부실해서 뜻하
지 않은 착오를 일으킨다는 말이다.

역시 마산에서 위 사건과 거의 같은 시기에 있었던 일이다.
아침 열 시쯤 평소 부산의 집으로 전화를 걸기 위하여 자주 드나
들던 길 건너 마산경찰서 여순경이 그날 따라 긴장된 얼굴을 하
고 내게 뛰어왔다. "과장님 큰일 났어요! 지금 경찰서가 발칵 뒤
집혔지 뭐예요. 이걸 한 번 보세요." 하면서 내미는 것은 수취인
불명이라는 반송 도장이 선명하게 찍힌 편지였다.

그런데, 문제는 그 편지가 〈馬山 警察署長 金 大 植 귀하〉라
는 그야말로 명확한 주소 성명으로 된 것이어서 도저히 수취인

불명이라는 사유가 붙을 수 없다는 데 있었다.

더구나 경찰서가 두개 있는 것도 아니요, 먼데 있는 것도 아니지 않는가? "서장님은 집배원 잘못이라고는 생각할 수 없다며 문서 접수부에 누가 제 서장도 모르는 막된 직원이 있느냐고 노발대발하고 있는데 결국 그 불똥이 우체국으로 튀지 않겠어요? 그래서 무슨 대책이라도 새우시라고 이렇게 달려 왔어요." 그런데 그녀의 설명을 들으니 정말로 큰 일이었다. 그 편지가 서장 따님의 시아버지가 보낸 것인데 그분이 〈수취인 불명〉이라는 반송 사유를 〈수취 거절〉로 단정하고, (사실 누가 봐도 수취인 불명이라는 사유는 인정할 수 없는 것이다.) 감정이 극도로 악화하여 며느리를 어린 손자와 함께 그 편지를 들려 친정으로 쫓아 보냈다는 것이다. 그가 그렇게 화가 난 것은 당초 서장이 그 결혼을 극구 반대하여 성혼이 안될 것을 딸이 그곳으로 시집가지 못하면 죽어버리겠다고 우겨서 겨우 사돈을 맺었으나 서장의 반대 이유가 사돈간의 신분의 차이에 있다고 생각하여 좋지 않은 감정을 품고 있던 바깥사돈이 결혼 당시의 신용금고 평 직원에서 승진하여 이사가 된 사실을 알릴 겸 이제 나도 당신에게 꿀릴 것

없는 사람이라고 한껏 가슴을 펴며 보낸 인사장이었는데 그게 수취거절 되어 돌아왔다고 생각했으니 그가 화를 낸 것은 어쩌면 아주 자연스러운 인지상정이라 하지 않겠는가?

그러나 부산 쪽 사정은 한 다리가 만리라고 차후 문제이고 당장은 서장이었다. 탐탁지 않았다 하더라도 일단 결혼한 딸이 소박맞고 돌아왔으니 그 심경이 어떻겠는가? 게다가 자신의 뜻과는 아무런 관계도 없이 누군가의 잘못으로 이런 엄청난 일이 벌어졌으니…

'자, 일은 벌어졌고 이제 이 일을 어떻게 슬기롭게 해결하느냐가 내게 떨어진 불똥이다.' 나는 눈을 감고 생각해 보았다. 어떻게 이런 일이 벌어졌는가? 곰곰 생각할 것도 없이 발단은 오구분에서 생겼을 것이다. 도착 우편물을 구분하는 중에 경찰서 관할 구역이 아닌 다른 집배원 구역으로 잘못 분류되었고 배달 도중 오구분이라는 걸 안 집배원이 지환 우편물과 함께 가지고 돌아와서 정당 구역으로 전송해야 되는데, 더위에 땀은 나지, 피곤하지 그런 가운데 잠깐 주의를 소홀히 하여 다른 지환 우편물과 함께 마구 반송 도장을 찍어 보내버린 것이다. 말하자면 지친 나머지 시각이라는 감각이 무뎌져서 일어난 사고임에 틀림없다는 결론에 도달할 수 있었다. 조사해 본 결과 그것은 사실이었다. 반송자의 도장이 경찰서 구역이 아닌 다른 구역 담당 집배원의 것이었다.

일에는 때가 있는 법, 나는 내부적으로 잘못을 저지른 집배원에 대한 조처는 뒤로 미루기로 하고 서둘러 경찰서로 건너갔다. 그쪽에서 사건의 진상을 먼저 규명하고 추궁해 오기 전에 예봉을 막겠다는 생각에서였다. 이미 복안은 서 있었다. 먼저 이번 일이 고의가 아니라 순전히 인간의 오관 부실에 기인한 실수로 야기되었다는 사실과, 어쨌든 우리의 잘못으로 손상을 입은 양가의 관계를 내가 책임지고 복원시키되 비온 뒤의 땅이 더 굳어지듯이 전에 소원했던 사돈간의 정의(情誼)가 이번 일을 계기로 더욱 두터워지도록 책임지겠으니 용서해 주시되 잘못을 저지른 당사자에 대한 응분의 조처는 우리 쪽에 맡겨달라고 할 생각이었다.

서장을 만나 본의 아니게 큰 피해를 입힌데 대하여 깊이 사죄하고 이번 일을 거울 삼아 더욱 철저히 직원 교육을 실시하여 다시는 유사한 사고가 재발되지 않도록 하겠으며 일단 바깥 사돈께 내가 편지를 써서 사건의 경위를 설명하여 오해를 풀도록 노력하되 여의치 않으면 직접 부산에 가서 만나 뵙고 말씀드리겠다고 했다.

이렇게 말하니 쉽게 대화가 이루어진 것처럼 보일지 모른다. 하지만 장장 두 시간 반동안 참으로 진땀나는 설득이었다. 나는 이 과정에서 사람의 오관이 부실하여 의외의 사고가 일어날 수 있다는 점을 십여년 전 읽은 일본 사람이 쓴 태평양 전사 중 미드웨이 해전사를 예화로 들었다. 태평양전쟁이 막바지로 치닫던 1945년 봄 군수물자를 가득 실은 미군 수송선이 사이판을 향해 항해하고 있었다.

이 배 뒤에서는 일본의 구축함이 계속 추격하며 함포를 쏘아대고 있었는데 어느 시점엔가 선창에서 무쇠로 된 포탄이 동이 났다는 전갈을 갑판으로 전달해 왔다. 그런데 갑판에서 이 소리를 '모든 포탄이 바닥났다' 는 말로 잘못 듣고 추격을 포기함으로써 막대한 군수품과 함께 군함을 격침시킬 수 있는 절호의 기회를 놓쳐, 결과적으로 일본이 미드웨이 해전에서 패배하고 그게 몇 달 후 항복하는데 상당한 영향을 미쳤다는 내용이었다.

당시 선창에는 무쇠포탄은 없었지만 브론즈탄은 아직 많이 남아 있었는데 갑판에서 잘못들은 까닭에 추격하던 선수를 돌려버렸던 것이다. 이 이야기는 인간의 오관이 부실하다는 사실을 잘 말해주고 있는 것으로 일본에서도 정평이 나 있다. 한편 두 가정의 복원에 내가 자신이 있었던 것은 불화가 순전히 오해에서 비롯된 것이므로 오해만 풀리면 해결되리라는 것과 그것도 이해관계가 없는 제삼자이자 오해를 일으킨 쪽인 내가 나서서 간곡하게 화해를 구하면 틀림없이 성사되리라는 믿음 때문이었다.

서장은 고맙게도 내 설득기술(?)을 칭찬하는 말로 흔쾌히 수락했고 나는 그날로 부산으로 가서 잔뜩 독이 올라 있는 신용금고 이사를 만나 또 한번의 설득을 해서 그들 두 가정의 묵은 불화를 해소할 수 있었다.

사람의 오관은 부실하다. 그렇다고 모든 사고를 그 사실에 부쳐 책임을 면할 수는 없다. 그럴수록 더욱 주의하여 부실한 오관을 보완함으로써 사고가 일어나지 않도록 노력해야 할 책무가 우리 모두에게 있는 것이다.

4. 불이 꺼진 뒤에 밝음의 가치를 안다

사연도 많았던 삼 개월의 마산 근무를 마치고 밀양 국장 보직을 받아 전근한 것이 1983년 9월, 그리고 그 해 겨울이었다. 한밤중 울려대는 전화 벨소리에 잠에서 깬 나는 어둠 속에서 더듬더듬 전화 수화기를 들었다. "당신이 밀양우체국장이오?" 귀청을 찢을 듯한 첫 마디가 바로 이런 식이었다. "네, 그렇습니다만 이 밤중에 어쩐 일이십니까? 거기 어디시죠?" "그래요. 지금 밤 두시 반이예요. 여긴 표충사 너머 산 골짜기구요. 그런데 단장면 교환이 이 시간에 13분이나 응답을 하지 않았오. 당장 그 친구 파면 시켜요! 만약 간첩이 왔다면 난 이미 목이 달아났을 거요. 알겠소?" 참으로 야밤에 홍두깨였다. 당시 시골엔 아직 전화 자동화가 이루어지지 않아서 자석식 교환대가 설치되어 있던 때였다. 아마 숙직하는 교환이 잠깐 졸다가 응답을 늦게 한 모양이었다. 아무리 그렇더라도 응답 좀 늦었다고 파면시키라니… 이 지역에 와서 느낀 것은 5·16 군사쿠데타 이후 장기간에 걸쳐 정부 요로에 나가 권좌에 있는 사람들이 많은 관계로 주민들이 드세고 거칠다는 점이었는데 바로 지금 그런 표본을 보는 듯했다. 상당한 강적을 만났다는 생각이 들었다.

송수기를 막고 심호흡을 몇 번하고 나서 최대한 부드러운 목소리로 우선 밤중에 긴급한 연락을 하시는데 응답을 늦게 하여 죄송하다고 사과하고 그러나 지금 시각이 사람에게 생리적으로 가장 졸음이 오는 때이며 전화기 핸들을 돌리는데는 13분이 엄청나게 긴 시간이지만 졸음이 밀려와 꾸벅 꾸벅 하는 사람에게는 그야말로 전광석화 같은 짧은 찰라에 불과하다는 것과 무엇보다도 그 깊은 산중에 계신 분이 비록 13분 후라 하더라도 그 교환의 도움으로 시내의 우체국장과 통화하고 있다는 사실, 마치 불이 꺼지고 깜깜해진 뒤에야 전등의 고마움을 아는 것처럼, 바로 이런 때 교환의 고마움을 새삼스럽게 인식할 수 있지 않겠는가.

이제 얼마 안 있으면 자동화가 완성되어 교환이라는 직종이

역사의 한 페이지로 사라질 텐데 그냥 두어도 스스로 물러갈 사람을 굳이 손에 피를 묻히는 잔인한 일을 할 필요가 있겠는가 등을 말하고 내친 김에 발상을 180도 전환하여 내일 아침 박카스 한 박스를 사 들고 우체국에 가서 어젯밤 너무 화가 나는 바람에 소란을 피워 미안하다고 말하고 근무중인 교환을 위로, 격려한다면 아마도 선생님은 단장우체국의 최상급 VIP가 될 것이고 그 댁 전화는 언제나 초특급으로 연결시킬 게 불을 보듯 확실하다고 부추겼다. 마지막 부분은 사실 약간은 모험이었지만 일은 정말 극적으로 결말이 났다. 그가 "나 참, 살다 살다 별작스런 국장님도 다 보네요오. 혹 떼러 왔다 되려 붙인다더니 내가 그 꼴이 됐군요. 하지만 국장님의 배포 한 번 대단하십니다. 화가난 사람한테 박카스를 사들고 가라니, 내 참, 그토록 부하를 사랑하시다니, 반드시 내일 박카스 사들고 가겠습니다."라고 너털웃음까지 웃는 것이었다.

"감사합니다. 제 말씀을 받아들여 주셔서, 읍내에 나오실 땐 반드시 연락 주시고 찾아 주십시오. 제가 박카스값 대신에 술 한 잔 사겠습니다. 정말 교환이 고마운 직종이죠?" 우린 동시에 큰

소리로 웃었다. 참으로 기분 좋은 밤이었다.

내가 확인 해 볼 필요도 없이 다음날 아침 단장에서 감동에 겨워 울먹이는 목소리로 숙직 교환으로부터 전화가 왔다. 그가 정말 박카스를 사 들고 와서 내가 말한 대로 어젯밤 일에 대하여 사과하고 앞으로 잘 부탁드린다고 했다는 것이다. 난 앞으로 얼마 남지 않은 기간 동안 더욱 성실히 근무하여 좋은 이미지를 남기도록 노력하라는 말로 단속 겸 격려의 뜻을 전했다.

표충사 뒤 제약산에서 흑염소 방목 사업을 하는 민원인과는 그 이후 친절한 사이가 되었고 시내에 나온 그에게 내가 대접한 박주 한 잔에 비해 엄청난 향응(?)을, 그것도 두 번씩이나 받았었다. 그가 우리를 목장으로 초청하여 흑염소 잔치를 베풀어 줬던 것이다. 육회에 구이에 전골까지 산수 아름다운 목장에서 즐기는 회식이 환상적이었거니와 그보다도 기지로써 어려운 민원을 해결하고 한 사람을 우호적인 영구 고객으로 만들 수 있었다는 성취감에 가슴이 더 없이 뿌듯해져 왔다.

5. 풍전 등화와 같은 위기 상황에서

다시 밀양 시절, 때는 1985년 가을 각 관내국 국장들로부터 계속해서 SOS가 쏟아져 들어왔다. 당시 야당 중진 국회의원이던 박일 의원이 의정활동 보고 차 각 면을 돌면서 지역 유지들을 모은 자리에서 우체국 금융을 폐지해야 한다고 역설하고 자신이 그 일을 성사시키는 데 총력을 기울이겠다고 공약을 하고 있다는 것이다. 그 이유인즉 우체국에 예금을 하면 지방의 자금이 모두 서울로 올라가서 결국 농어촌 경제가 고사된다는 것이며 그런 우를 막기 위해 우체국은 우편 소통을 전담시키고 전처럼 금융사업은 농·수·축협에서 하도록 법을 개정해야한다고 주장한다는 것이었다. 큰 일이 아닐 수 없었다. 그의 말대로 법이 개정되는 것이야 차후의 문제지만 그가 워낙 중진 국회의원인데다가 이 지역에서의 그의 지지도도 높은 편이어서 이대로 가만 있으면 밀양지역의 체신금융은 그 기반부터 무너져 내리고 말 것이었다. 뭔가 특단의 대처가 필요했다. 그러나 어떻게 대처할 것인가? 막강한 국회의원의 영향력에 일개 우체국장으로서 대처

할 수 있는 유효한 방법은 사실상 아무 것도 없는 게 사실이었다.

나는 고민에 고민을 거듭했지만 뾰쪽한 묘안이 떠오르지 않은 채 날짜만 하루하루 지나가고 관내국에서의 비명 같은 보고는 계속되었다. 그러는 가운데 12개 면단위 보고회가 끝나고 마지막으로 밀양 읍에서 종합 보고회를 하니 참석해 달라는 통보가 군청에서 왔다. '옳지! 천만 다행이다. 그 기회를 이용하여 일거에 사태를 뒤집어 엎어야 한다. 하늘이 무너져도 솟아날 구멍이 있다더니 이게 바로 그런 천재일우의 기회인 것이다.' 쾌재를 부른 나는 이틀동안 그의 논리에 대하여 효과적으로 반론을 펴기 위하여 치밀한 준비를 해 나갔다.

드디어 결전의 날이 왔다.

군청 대회의실에 모인 이 지역 주요 인사들인 기관 단체장 그리고 중소 산업체 오너와 기타 유지들 50여명 앞에서 예의 의정 보고 담화가 4선인 박일 의원의 달변으로 30여분간 이어졌다. 우려했던 대로, 아니 내가 기대했던 대로 체신금융 폐지론이 그 한 부분을 이루고 있었다. 우뢰와 같은 박수와 함께 그의 연설이 끝나고 장내가 술렁거리는 가운데 내가 일어섰다. "존경하는 의원님, 보고 말씀 잘 들었습니다. 박 의원님의 탁월한 정치 식견과 농촌경제에 대한 해박한 지식에 깊은 감명을 받았습니다. 그런데 말씀 가운데 우체국 금융을 폐지해야한다는 말씀을 듣고 이 지역 체신 업무를 관장하는 우체국장으로서 한마디 해명하지 않으면 안될 부분이 있어서 외람됩니다만 한 3분 정도 제 입장을 말씀드리고자 이렇게 일어섰습니다. 양해해 주시리라 믿고 말씀드리겠습니다. 먼저 우체국에 예금하면 농촌의 자금이 모두 서울로 올라가서 지역 경제가 뿌리부터 말라 버린다는 말씀인데 그것은 너무 피상적인 말씀입니다.

우리는 그런 우려를 불식시키기 위하여 지방은행에 현재 800억 가량을 융자하고 있고 앞으로 그 액수를 늘려 나갈 것입니다. 다음으로 농협이나 수협과 같은 곳으로 창구를 제한하게 되면 원활한 경쟁이 이루어지지 않아 서비스의 발전을 기할 수 없고 그렇게 되면 결과적으로 고객인 지역 주민의 선택의 폭이 좁아집니다. 다른 측면에서 볼 때 농·수·축협은 그 본래의 설립 목적인 농·수산업이나 축산업의 발전을 위한 연구, 지도를 소홀히 하고 신용사업에만 열중하는 느낌을 지울 수 없는데 우체국을 제외시키면 독점 사업의 특성상 그 폐단이 더욱 커지리라는 우려가 있습니다. 지난 5월 정부 부처 중견 공무원 연수차 일본에 갔을 때 농협 건물 안에 우체국이 있는데 두 기관이 화기롭게 영업 활동을 하고 있는 모습을 보았습니다만 바로 그런 평화스러운 경쟁과 존중을 통하여 대 국민 서비스의 질을 높여 나가는 것이야말로 바람직한 방향이 아닌가 여겨졌었습니다. 무엇보다도 우체국을 통해 조성된 금융자본은 국가의 기간 산업이나 사회간접자본 확충에 쓰여짐으로써 도시와 농어촌의 균형 발전에 없어서는 안될 중요한 재원이 된다는 것입니다.

　　바로 이러한 정책적 고려 때문에 국가에서는 전에 이관하였던 금융사업을 우체국에서 다시 시작하기로 결정하였고 아시다시피 국회에서도 법을 제정하여 재 출발한지 3년여 만에 2조에 가까운 예금고를 올리고 있는 것입니다. 이렇게 볼 때 우체국 금융은 지원하고 육성해 나가야 할 제도일지언정 폐지해서는 절대로 안된다고 생각하고 만약 저의 이런 해명 없이 의원님의 일방적인 말씀만으로 끝나버린다면 이 지역의 체신금융사업은 그야말로 뿌리째 말라 버리리라는 걱정 때문에 대단히 죄송스럽지만 말씀드리지 않을 수 없었다는 점을 이해해주시기 바라면서 제 말씀을 마치고자 합니다. 감사합니다."

3분만 얘기하겠다던 게 거의 10분이나 걸린 연설이 되고 말았다. 전혀 기대도 예상도 하지 않았는데 몇몇 청중들이 박수를 쳤다. 그것이 박 의원에게 더욱 미안하게 느껴졌다. 아무튼 나는 절체 절명의 위기에서 그래도 당황한 나머지 정신을 잃지 않고 나름대로 책무를 다 했다는 생각에 조금은 마음이 후련했다. 이어 박 의원이 대접하는 점심식사가 진행되었는데 난 일부러 그의 앞에 자리를 잡고 술잔을 권하면서 군내 주요인사가 다 모인 자리에서 체신금융에 대하여 알릴 수 있는 기회를 마련해 주셔서 대단히 감사하다고 너스레를 떠는 것을 잊지 않았다. "내 참. 이 국장이 병 주고 약 주는군 그래. 아니 그런데 즉석에서 어떻게 그토록 논리 정연한 반론을 펼 수 있었소? 미리 예상했던 거요?" 하는 것이었다. "워낙 위기 의식이 느껴져서 용기가 생겼던 모양입니다. 급하면 앉은뱅이도 태산을 넘는 다지 않습니까"

그러면서 나는 그의 큰 도량에 마음으로부터 깊은 감명을 받앉다. 국회의원의 의정보고 강연을 면전에서 그것도 정면으로 반박한 사람을 그토록 너그럽게 대하며 농담을 할 수 있는 사람, 일국의 국회의원이라면 적어도 저 정도의 그릇은 돼야할 거라는 생각에 야당으로서 4선이 거저 된 것이 아니라는 생각과 함께 입장을 바꿔 보면 그에겐 내가 고객이고 고객이 마음에 좀 안든 다고해서 화를 내거나 비난해서는 안된다는 C/S의 기본을 잘 알고 실천하고 있다는 생각이 들어 깊은 존경심이 느껴졌다.

몸 싸움이나 일삼고 부정한 돈이나 긁어모으는데 혈안이 되어 결국 줄줄이 영어의 몸이 되는 요즘의 국회의원들이 귀감으로 삼아야 하지 않겠는가?

6. 지식인으로서의 자긍심과 애국심을 불러일으키다

(1) 한겨레신문 정기 구독자

1994년 연천 근무 시절의 일이다. 관내 별정국인 백학우체국 장으로부터 주저주저하는 목소리로 전화가 걸려왔다. "국장님, 죄송합니다. 그런데 그 영감님이 또 민원을 냈어요. 민원이라기

보다는 투서인데요. 신문이 늦게 배달되어 문화생활에 지장을 준다며 집배원을 문책해 달라는 내용의 민원을 장관 앞으로 배달 증명으로 발송하고 갔는데 이번에 운송체계 개편으로 배달 시간이 아침에서 오후 두 시쯤으로 늦춰진 것 때문인 것을 집배원의 태만과 저의 방관에 의하여 자기가 피해를 본다고 우기는 것입니다. 전에도 말씀 드렸듯이 고질적인 민원인이라 저로선 어떻게도 할 수 없습니다."라는 내용이었다.

작년 이곳에 부임하자 또 다른 민원을 제기했던 김병주라는 그 분은 백학 국장 말대로 툭하면 투서나 항의를 해서 역대 국장들이 아주 골머리를 앓는 사람이었다. 민원도 그냥 내는 게 아니라 반드시 청장, 장관 그리고 대통령실에 동시에 배달증명 우편을 발송하는 식인데 현지 국장이나 총괄국(당시엔 감독국)장쯤은 상대도 하려하지 않기 때문에 어떻게 해결해야 할지 막막하다는 것이었다.

전화를 끊자 나는 곧 바로 백학으로 갔다. 우체국 보관용 내용증명 접수철을 보니 역시 배달 지연에 관한 민원인데 자기는 농촌에서 전원생활을 하며 오직 한겨레신문을 읽는 재미로 살아가는데 그게 갑자기 몇 시간 늦은 오후에 배달되기 때문에 생활의 리듬이 깨지고 세상 돌아가는 물리에도 어두워져서 참을 수 없이 답답하다면서 이는 국민의 문화생활을 망가뜨리는 처사이므로 지연 배달하는 집배원을 파면하고 해당 우체국장에게도 응분의 징계를 해서 다시는 이런 일이 일어나지 않도록 조처해 달라는 것이었다.

그 해에 처음으로 실시했던 운송체계 개편은 영국의 Two-tier system에서 아이디어를 따 만든 제도로서 우편물 종별을 단순화 하여 지급과 보통으로 나누고 그에 맞춰 요금체계를 이원화하되 송달속도도 차별화 하여 실질적으로 송달속도를 높이는 효과를 가져오자는 취지이다. 이 과정에서 운송노선의 마지막에 위치한 국에는 종전보다 좀 늦게 도착하는 경우가 생기는데 바로 연천이 그 경우에 해당한다. 다만 이 경우에도 원거리에서 발송된 우편물의 송달속도는 야간작업을 통한 시간 단축으로 종전에 비하여 최소한 한나절 정도 빨라진 게 사실이다. 단순히 서울에서 발간되는 중앙지의 경우 연천처럼 노선 막바지에 위치한 우체국에는 종전에 비하여 약간 늦게 도착하게 되었다. 이점이 김병주씨를 화나게 한 것이다.

어떻게 대처할 것인가? 이분처럼 습관적으로 민원을 제기하는 사람들은 대게 자기 본위적이고 그런 만큼 자존심이 강해서 좀처럼 남에게 설득 당하지 않는다. 따라서 사안을 잘 설명하여 이해를 구하는데 한계가 있다. 뭔가 특별한 전략이 필요하다. 생각이 여기 미치자 퍼뜩 아이디어 하나가 떠올랐다. '바로 그의 높은 자긍심을 자극하여 사태를 반전시키는 방법을 사용하는 것이다. 그가 한겨레신문 독자라는 것이 이 전략을 쓰는데 좋은 시발점이 될 수 있을 것이다.'

나는 백학 국장을 대동하고 비무장지대의 낮은 구릉들이 정겨운 시골길을 따라 한참을 달려 김병주씨를 찾아갔다. 그는 마침 들일을 나가려는 참이었는지 사립문을 나서려는 참이었는데 우리를 보자 뜻밖인 듯 약간은 허둥대면서 우리를 집안으로 안내했다.

단도직입적으로 본론에 들어갔다. "항상 저희 우정사업에 지대한 관심과 애정을 가지고 여러가지 충고를 해 주셔서 감사합니다. 이번에도 개선점을 지적하여 주셨더군요." 이렇게 서두를 꺼낸 나는 운송체계 개편의 내용에 대하여 설명하고 여담 비슷하게 한겨레신문의 독자인 점을 들어 이런 시골에서 나이 드신 분으로서 그 진보적인 관점에 대하여 존경한다는 말과 나 자신 한겨레의 주주로서 창간부터 애독자여서 남다른 친밀감을 느낀다고 말하고 잠시 뜸을 들인 다음 한겨레신문이 독자에게 주는 잇점은 뉴스나 기사의 속보성이 아니라 사회의 어두운 면이나 상대적 하위 계층에 대한 애정, 그리고 사회 개혁에 관한 흔들림 없는 편집 방향인 점을 공감하느냐고 묻고 그러한 내용으로 가득한 한겨레신문은 시각을 다투어 한번 읽고 마는 그런 신문이 아니라 두고두고 음미하면서 읽을 수 있는 유일한 매체이며 신문의 그런 금도에 맞춰 독자도 진취적이고 개혁적인 면모를 보여야할 책무가 있다는, 평소 내가 가지고 있는 생각을 피력하여 그의 지적 자존심에 불을 당겼다.

대체적으로 수긍하는 태도를 보이는데 용기를 얻어 나는 한 발짝 더 나아갔다.

"누구의 강요도 받음이 없이 자신의 뜻으로 한겨레의 독자가 된 사람들은 누구나 이와 같은 선비 정신이 투철하다고 생각합니다. 그점 선생님도 선비이십니다. 선비의 기본이 무엇일까요? 저는 선비란 시류에 흔들리지 않고 자신의 철학을 꿋꿋이 지켜나가며 약자에게는 강하고 강자에게는 약한 소인배와는 달리 약한 자에게는 너그럽고 강한 자, 특히 권력이나 부를 가지고 힘을 행사하는 사람들에게는 대쪽처럼 강해서 좀처럼 굽히지 않는 그런 사람이라고 생각합니다. 저희 우체국은 국가기관이지만 아시다시피 오직 국민에게 봉사할 뿐 권력이나 부와는 거리가 먼 곳이며 특히 집배원들은 그 이미지에 딱 들어맞는 사람들입니다. 더구나 이 지역은 잘 아시다시피 접적 지역으로 도로 사정도 열악하며 별정국으로서 정규 국가공무원에 비하여 상대적으로 처우도 낮은 편입니다.

바라건데 한겨레신문 독자의 긍지를 살려 어려운 처지에서 고생하는 백학우체국과 집배원에 대하여 너그러운 은혜를 베푸신다는 마음으로 이번 민원을 철회해 주십시오. 우편물은 선생님을 뵙고 나서 처리하려고 우체국에 보관 중입니다. 체신청이나 본부 그리고 청와대에 민원을 내셨지만 결국은 그 처리는 감독국장인 제가 해야합니다. 부탁드립니다."

그가 소중하게 간직하고 있었을 자긍심에 상처가 날 것을 우려했을 것이다. 내 말을 조용한 가운데 경청한 그가 지금껏 별 생각 없이 민원을 많이 내서 불편하게 해 드려서 미안하다는 사과와 함께 철회를 약속하고 앞으로 다시는 그런 일을 하지 않겠다고 다짐하는 것이었다. 돌아오는 차 속에서 백학 국장은 그의 약속을 반신반의하면서도 앓던 이가 빠진 듯 시원하다며 고마워했다.

(2) 아파트 동수 오기에 의한 반송우편물 사건

부천 중동우체국에서의 일이다. 1999년 2월, 참으로 난감한 일이 발생했다. 부천 출신으로 전 동아일보 기자였고 현재 일본에 가서 요미우리 신문사의 객원 연구원이자 대기자로 있으면서 와세다(早稻田)대학에서 언론학을 가르친다는 70객의 장세순씨가 우편물 부달에 관한 민원을 제기했는데 그 내용이라는 것이 우리측 잘못이 전혀 없는 발송인의 주소 오기에 기인한 것이었다.

그가 잠시 귀국하여 부천의 자기 집에 있는 동안 대학에서 보내온 우편물이 수취인 불명으로 돌아갔는데 관내 부천 소사 본3동에 소재하는 한신아파트 108동 701호로 기재했어야 할 것을 동 아파트 107동 701호로 동 수를 잘못 적었던 것이다. 이게 무슨 민원의 소재가 되는가 하고 다들 생각할 것이다. 나 또한 처음엔 대수롭지 않게 생각했으니까.

그러나 서두에서 말했듯이 일은 그렇게 간단한 게 아니었다. 그의 말에 의하면 우편물의 내용이, 몇 년에 걸친 자신의 노력에 의하여 성사된, 와세다 대학교의 국제협력 사업의 일환으로 한국의 우수 고등학생 10명을 선발하여 동 대학에서 무료로 언론학을 배울 수 있는 프로젝트를 만들고 장세순씨가 한국에 나와 있는 동안 그 선발 기준을 보내서 그로 하여금 각 지방자치단체와 학교에 전달하여 선발 절차를 진행하도록 서류를 보냈는데 우편물이 도착되지 않아 기다리다 지친 그가 급거 일본으로 날아가 확인해본 결과 사소한 오기 때문에 우편물이 반송되어 결과적으로 접수 시기를 놓쳐서 금년 한해 한국에서는 그 혜택을 받지 못하게 되었다는 것이었다.

그러면서 같은 케이스가 후진국인 방글라데시에서도 있었는데 그곳에서는 집배원이 아파트 관리실에 문의하는 등 열의를 가지고 일해서 정당 수취인에게 전달하여 무사히 접수가 되었는데 한국에서는 무성의하게 처리함으로써 일을 그르쳤으니 이와 같은 사실의 전말을 기록하여 우체국장이 확인해 주면 그 확인서를 가지고 우선 한국의 정보통신부장관에게 항의하고 이어서 일본 언론에 한국 우정의 낙후성을 보도하여 세계 사람들에게 알려 경종을 울리겠다는 것이었다. 참으로 기가 막히는 일이었다.

그의 입장을 생각할 때 안타까운 일이긴 했지만 그렇다고 어떻게 아무런 잘못도 없이 국장이라는 사람이 확인서를 쓴단 말인가? 그걸 써주면 잘못을 시인하는 꼴이 되고 나아가 국내는 물론 나라 밖까지 추태를 내보이는 일이라는 걸 뻔히 알면서 말이다. 그러나 그런 이유보다도 더욱 마음에 걸리는 것은 우체국장이라는 사람이 아무런 잘못도 없는 터에 민원인이 요구한다고 해서 덜컥 확인서를 써 주었다면 그걸 가지고 맨 먼저 찾아간다고 공언하고 있는 장관이 어떻게 생각하겠는가 하는 점이었다. 말하자면 그런 민원 하나 제대로 처리하지 못하고 제 얼굴에 뿐만 아니라 대한민국 체신에 침 뱉는 바보같은 사람이라고 보지 않겠는가 하는 점 말이다.

우편물의 반송으로 차질을 빚게 된 국제교류사업과 그걸 위하여 애쓴 보람이 무산된데 대하여 무척 안타깝게 생각하지만 절차상 아무런 잘못이 없으므로 확인서를 쓸 수 없다고 누누이 말했지만 그는 막무가내였다. 법적으로 잘못이 없다는 것은 자기도 알고 있으니 다만 사실 그대로 기록하여 확인해주면 된다고 우기면서 만나서 얘기를 나누자는 나의 제의에 대하여 자기가 우체국에 나가는 일은 없을 것이며 집으로 찾아와도 문을 열어주지 않겠다고 단호하게 거절하고 확인서를 우편으로, 그것도 등기 우편으로 보내라는 것이었다.

사흘 말미를 줄 테니 요구대로 이행하라고 말하고 나서 일방적으로 전화를 끊었다.

생각 같아서는 당장 집으로 달려가 무슨 그런 억지가 있느냐고 따지고 싶었지만 입장을 바꿔 생각해 보면 그의 처지도 이해가 가는 듯해서 일단 시간을 벌기로 하고 확인서 대신 다음과 같은 내용의 편지를 써 가지고 내일쯤 방문해서 최선을 다해 설득해 보리라 마음먹었다. 다음은 그 때 쓴, 그리하여 다음날 가지고 가서 그에게 건네주고 읽게 한 편지이다.

張 世 淳 선생님께 드리는 글

　우선 소중한 우편물이 배달되지 못하고 반송되어 당초 뜻하신 바 국제교류를 통한 교육사업에 차질이 빚어진데 대하여 이 지역 우정 업무를 관장하는 우체국장으로서 심심한 유감과 함께 아쉬움을 표하는 바입니다.

　잘 아시다시피 해당 우편물은 부천 소사 본3동에 위치한 한신 아파트 108동 701호 장 선생님 앞 우편물인데 발송처에서 주소를 잘못 적어 같은 아파트 107동 701호로 송달되어 주소 불명으로 반송 된 것입니다.

　이 건에 대하여 선생님께서는 한 아파트 단지 내일 경우 관리 사무실에 문의만 했더라면 충분히 수취인을 찾아 배달할 수 있었을 텐데도 그것을 소홀히 하여 반송되었으므로 우편물 부달(不達)의 책임이 저희 우체국에 있다는 사실을 증명하기 위하여 국장인 제 명의의 확인서를 작성, 제출해 달라는 요지의 민원을 제기하셨습니다.

　생각컨데 선생님의 말씀대로 모든 우편물을 대상으로 아파트 관리사무소나 라인 수위실에 문의하여 정당 수취인을 찾아 배달할 수 있다면 더 없이 만족스럽겠지만 하루 1400여 통의 우편물을 배달해야 하는 집배원의 과중한 업무량에 비추어 볼 때 사실상 불가능한 일이고 또 한편 비슷한 주소지에 동명 이인이 있거나 이름이 비슷한 사람이 있어서 무심코 배달했다가 잘못 배달한 책임을 톡톡히 지는 예도 있어서 유감스럽지만 현실적으로나 규칙상 그렇게 할 수 없음을 말씀 드리지 않을 수 없습니다. 참고로 같은 동에 호 수가 좀 다를 경우 앞 뒷집에 물어 볼 수도 있고 경비실에 문의할 수도 있겠으나 선생님의 경우 동 자체가 다른 관계로 그런 문의 절차를 밟을 수도 없었으리라 사료됩니다.

또한 속지주의(屬地主義)를 택하고 있는(이는 우리나라뿐만 아니라 다른 대부분의 나라에서도 마찬가지입니다.) 우편물 배달 규정에 비추어 보더라도, 표기 주소대로 배달하게 되어 있으며 무엇보다도 발송인이 기록한 주소가 잘못 쓰였을 수도 있다고 예단해 본다고 하는 것은 무리라는 것입니다.

이와 같은 맥락에서 볼 때 같은 UPU 회원국이고 우리가 선린 이웃이라고 생각하고 있는 일본의 우편국에서,(게다가 원초적으로 잘못을 저지른 발송인을 관할하는 우정청으로서) 규정에도 없는 특별 서비스를 들어가며 우리 우정의 낙후성을 성토했다고 하는 것은 국제간의 예의에도 어긋나는 심히 불쾌한 처사라고 생각되는 것입니다.

따라서 이러한 내용이 국내도 아닌 외국 언론에 공표된다고 생각할 때 한국 우정의 작으나마 한 부분을 담당하고 있는 지역 우체국장으로서 참을 수 없는 자괴감을 느끼며 다른 한편 잘못도 없으면서 초동 대응을 서투르게 함으로써 이런 내용을 확인서로 공식 인정함으로써 조직의 최고관리자인 장관을 비롯해서 4만여 정보통신 가족에게 누를 끼칠 뿐만 아니라 스스로 무능한 사람이 된다는 것이 가슴아프다는 사실을 말씀드립니다.

선생님, 같은 한국인으로서, 또 최고의 지성을 갖추시고 외국에 나가 열심히 국위를 선양하고 계시는 선생님의 애국심과 양식에 호소하오니 부디 보도계획을 철회해 주십시오.

그렇게 해 주실 것을 믿고 다시 한 번 소중한 서류를 담은 우편물이 반송되어 뜻 있는 일에 차질을 빚게 된데 대하여 심심한 유감과 아울러 위로의 말씀을 드립니다. 감사합니다.

1999. 2. 19.

부천 중동우체국장 이 재 형 드림

다음날 완강한 방문 거부를 무릅쓰고 마치 적진을 돌격하는 각오로 장선생 댁을 찾아가 다시 한번 확인서를 써 드릴 수 없는 사정을 말하고 준비해 가지고 간 서신을 내밀었다. 혹 확인서 인 줄로 착각이라도 했을까, 그는 봉투를 받자마자 개봉하여 읽기 시작했다.

그런데 편지를 읽어가는 그의 표정이 점차적으로 부드러워지는 것이 아닌가? 그의 마음에 뭔가 변화가 일고 있음이 분명했다. 참으로 다행스러운 일이 아닐 수 없었다. 편지를 다 읽고 난 그는 잠시 눈을 감고 생각에 잠기더니 이윽고 눈을 뜨고 자세를 바로 한 다음 이렇게 말했다. "국장님, 정말 죄송합니다. 제가 너무 제 입장만 내세워 억지를 부렸습니다. 그런데도 국장님은 절 꾸짖는 대신 완곡하고 친절한 설명으로 일관하셨고, 이 글을 통해 다시 한번 그런 방법으로 어리석은 이 늙은이를 설득하셨습니다. 특히 별 흠도 없는 우리나라의 우정사업에 대하여 다른 나라도 아닌 일본에 가서 비난하려 했던 제 짧은 소견을 일깨우신 부분에서 저는 크게 부끄러워하며 깨달았습니다, 생각하기 따라서는 나이 먹은 사람의 강압적인 고집에 당황하고 난처한 나머지 혼란스러우셨을 터인데 전혀 흔들리지 않고 의연하게 대처하시는 모습이 인상적이었습니다. 사실 우리나라의 공무원들은 언론, 기자에 대하여 태생적으로 약한 모습을 보이게 마련인데 말입니다. 다시 한번 죄송하다는 말씀 드리고 제 요구를 정식으로 철회하겠습니다." 하는 것이었다. 그리고는 확인도 하지 않고 문을 열어줬다고 한참이나 큰소리로 나무랐던 부인에게 차를 준비해 달라고 부탁하고는, 자신의 여행용 가방에서 일제 마일드세븐 한 케이스를 꺼내서 내게 건네며 심려를 끼친데 대한 조그만 답례라고 웃으며 말하는 것이었다. 비유가 적절치는 않지만 강한 것이 쉬 부러진다는 말이 생각났다. 그토록 완강하여 도저히 마음을 바꾸리라고 생각되지 않던 사람이 완전히 딴 사람이 된 것이다. 자신의 잘못을 깨닫자 바로 마음을 바꿔 사과할 수 있는 시원시원한 저 태도! 이야말로 지성인의 금도가 아니겠는가? 그의 그런 면모가 너무 신선하여 난 고맙다는 인사를 거듭 거듭 하고 가볍고 즐거운 마음으로 그 댁을 나왔다.

글을 쓰다 보니 연대순으로 나열되어 마치 자서전과 같은 모양을 띄게 되었다. 사실 40년이라는 장구한 세월동안 현업에서 근무하면서 이 이외에도 수많은 민원을 받았고 또 그 때마다. 최선을 다하여 해결해 왔는데 돌이켜 생각해 보면 큰 문제로 비화시키지 않고 원만히 해결할 수 있었던 것은 무엇보다도 사안을 고객 입장에서 보고 진실하고 성실한 마음으로 대하며 책임

회피나 핑계를 대지 않는 자세로 임했던 게 주효하지 않았나 하는 생각이 든다.

다시 한번 강조하거니와 민원은 애초 일어나지 않는 게 가장 바람직하다. 신중하고 날렵한 전문가가 되어 깔끔하게 일을 처리하여 민원을 예방하고 신뢰를 쌓는 것이야말로 우리 모두가 익히고 실천해야 할 자세인 것이다. 그렇다하더라도 민원은 일어나게 마련, 일단 일어난 민원은 어쨌든 해결해야 하는데 그 때 이 장의 글이 여러분들에게 조그만 도움이 되었으면 하는 마음이다.

집배원 아저씨

한별 이 재 형

흥부의 자애로움 갚기 위하여
박씨를 물어오는 강남 제비처럼
고객의 고마움에 보답하고자
고을 고을 복 나르는 집배원 아저씨

날렵한 몸매와 빠른 비상으로

강남 땅 먼바다 오가는 제비처럼
신속하고 정확하게 소식 전하는
그대는 멋쟁이 집배원 아저씨

먼데서 공부하는 자식 그리워
군에 간 애인이 못내 보고파
애타게 기다리는 사람들에게
반가움 전해주는 집배원 아저씨.

어린시절 집배원은 내 선망의 표적이었다.

시골이어서 집배원이 이틀에 한번씩 찾아오는데 동구밖 언덕
길에 빠알간 자전거가 나타나면 동네 사람들은 모두들 나와서
마치 어린이들이 싼타 할아버지를 반기듯 기대에 찬 눈동자로
그가 가방을 열고 나눠주는 편지를 기다리는 것이었다.

가족 중 누군가가 객지에 나가 있어서 혹 무슨 소식이라도 오
지 않을까 하는 마음에서 그렇게 하는 것이야 어쩌면 자연스러
운 일이지만 식구가 모두 집에 있어서 일년이 가도 편지 한 장
오지 않는 사람들까지 그런 행태를 보이는 걸 보면서 집배원이
야말로 정말 멋있는 직업이라는 생각이 어린 내 마음에 깊이 새

겨졌던 것이다.

"나도 어른이 되면 집배원이 될거야" 그 꿈을 안고 나는 조그만 시골 중학교를 나와 국립 체신고등학교에 들어갔고 집배원이 되진 않았지만 그들과 함께 생사고락을 같이하는 우체국 직원이 되어 40년이라는 긴 세월을 살았으므로 꿈을 이뤘다고 말하고 싶다.

천직이라는 생각을 가지고 혼신의 힘을 쏟아 부었던 만큼 퇴직 후의 금단현상이 걱정되었던 나는 퇴직 이 삼년 전부터 소위 이별 연습을 나름대로 해왔지만 막상 정년이 되자 앞이 캄캄한 느낌이었다. 그 무렵 쓴 것이 다음의 〈어떤 작별2〉이다.

어떤 작별 2

이 재 형

"날 잊지 말아요"
이렇게 말할 수만 있다면…

예전엔 헤어짐의 의미를 두고
보내는 이가 더 슬픈 법이라고
관념의 유희를 즐기던 때도 있었습니다.

하지만 지금
배웅하는 이 없이 떠나는 사람이 되어
그게 얼마나 부질없는 말장난이었던가
뒤늦게 깨닫고 눈물집니다.

먼 훗날 도심의 인파 속에서 문득 문득

뒷모습 닮은 사람 쫓다가
허망한 환시에 발길 돌리는
슬픔 마져도 누릴 수 없음을 알기에
아픔은 비수처럼 깊고 예리합니다.

당신은 거기 그렇게 미동도 없이 서있는데
떠나는 사람이 나이니까요.

'이별은 또 다른 만남의 잉태' 라는 말도
한낱 공허한 넋두리일 뿐,

"나를 잊지 말아요"
하고픈 이 말 가슴에 묻은 채
차마 떼이지 않는 발걸음 끌며
망각의 저편으로 떠나갑니다.

　　정년 퇴직 후 어느새 3년, 그래도 그 동안 40여 우체국에서
고객만족에 대한 강연을 하고 틈틈이 글쓰기를 계속하여 이 조
그만 책을 펴냈으니 늘 마음속에 멍에처럼 남아있던 짐 하나를
덜어낸 기분이며 퇴직 후의 금단현상의 협곡을 무난히 건넌 것

같은 느낌이기도 하다.

사실 강연을 하고 책을 쓰게 된 직접적인 이유를 든다면 재직하는 동안 교육원이나 우체국에서 전문가들을 초빙하여 실시하는 친절봉사에 관한 교육을 헤일 수 없이 많이 받아왔지만 전문가인 만큼 이론에 있어서는 탁월한 면이 있는 반면, 우리의 현실에 직접 적용하는데는 어딘지 무리가 따르는 것 같은 느낌을 지울 수 없었다. 따라서 이러한 이론과 현실의 갭을 메꿀 수 있는 방법은 없을까?라는 데에서 '그래, 그동안 현장에서 경험하고 느낀 바를 바탕으로 내가 좀 더 공부하고 배운다면 조화를 이룬 방법을 찾을 수 있을 거야.' 라고 생각하고 일에 착수한 것이다. 참고문헌을 뒤에 적시했거니와 꽤 많은 책을 읽고 여러 기관이나 업소를 벤치마킹 하여 써낸 것이 이 책이다. 아무쪼록 이러한 내 노력이 내가 사랑하는 우체국과 우체국 가족들의 발전에 기여하기를 바라면서 끝으로 어려운 공직생활을 성심으로 내조해 주었던 사람, 내 성공과 좌절을 함께 웃고 울었던 사람, 이제 자유로운 남은 생을 함께 엮어나가리라 생각했었지만 슬프게도 먼저 간 내 아내 박순자님께 이 책을 바친다.

參考文獻

『누가 내 치즈를 옮겼을까?』, 겅호 켄 블렌차드(21세기북스)

『서비스 달인의 비밀 노트』, 론 젬키 (세종서적)

『고객서비스의 신화』, 베시 센더스(미래M&B)

『최고경영자 예수』, 로리베스죤스(한.언)

『설득의 심리학』, 로버트 치알디니(21세기북스)

『열광하는 팬』, 켄 블렌차드(21세기북스)

『펄떡이는 물고기처럼』, 스테판 런딘(한.언)

『혼다 전(本田 傳)』, 이데 고야(WAC)

『CEO처럼 팔아라』

『성공하는 리더를 위한 손자병법』, 진재명(예문)

『실패학의 권유』, 하타무라 요타로(講談社)

『성공하는 리더를 위한 三國志』, 곽우가(예문)

『일 잘하는 사람 일 못하는 사람』, 호리바 마사오(오늘의 책)